Brasilianisches Jiu-Jitsu

Ein umfassender Leitfaden zur Einführung in die Grundlagen des Grappling im Brazilian Jiu-Jitsu und ein Vergleich mit dem japanischen Jiu-Jitsu

© Copyright 2025

Alle Rechte vorbehalten. Kein Teil dieses Buches darf in irgendeiner Form ohne schriftliche Genehmigung des Autors reproduziert werden. Rezensenten dürfen in Besprechungen kurze Textpassagen zitieren.

Haftungsausschluss: Kein Teil dieser Publikation darf ohne die schriftliche Erlaubnis des Verlags reproduziert oder in irgendeiner Form übertragen werden, sei es auf mechanischem oder elektronischem Wege, einschließlich Fotokopie oder Tonaufnahme oder in einem Informationsspeicher oder Datenspeicher oder durch E-Mail.

Obwohl alle Anstrengungen unternommen wurden, die in diesem Werk enthaltenen Informationen zu verifizieren, übernehmen weder der Autor noch der Verlag Verantwortung für etwaige Fehler, Auslassungen oder gegenteilige Auslegungen des Themas.

Dieses Buch dient der Unterhaltung. Die geäußerte Meinung ist ausschließlich die des Autors und sollte nicht als Ausdruck von fachlicher Anweisung oder Anordnung verstanden werden. Der Leser / die Leserin ist selbst für seine / ihre Handlungen verantwortlich.

Die Einhaltung aller anwendbaren Gesetze und Regelungen, einschließlich internationaler, Bundes-, Staats- und lokaler Rechtsprechung, die Geschäftspraktiken, Werbung und alle übrigen Aspekte des Geschäftsbetriebs in den USA, Kanada, dem Vereinigten Königreich regeln oder jeglicher anderer Jurisdiktion obliegt ausschließlich dem Käufer oder Leser.

Weder der Autor noch der Verlag übernimmt Verantwortung oder Haftung oder sonst etwas im Namen des Käufers oder Lesers dieser Materialien. Jegliche Kränkung einer Einzelperson oder Organisation ist unbeabsichtigt.

Inhaltsverzeichnis

EINLEITUNG 1
KAPITEL 1: WAS IST BRASILIANISCHES JIU-JITSU? 3
KAPITEL 2: WISSENSWERTES FÜR ALLE, DIE SICH MIT
BRASILIANISCHEM JIU-JITSU BESCHÄFTIGEN 13
KAPITEL 3: DIE GRUNDLAGEN DES GRAPPLINGS IM
BRASILIANISCHEN JIU-JITSU: WIE MAN SICH IM KAMPF
NICHT SCHIKANIEREN LÄSST 32
KAPITEL 4: DAS GESETZ VON AKTION UND REAKTION 42
KAPITEL 5: VERTEIDIGUNG GEGEN ANGRIFFE: DIE KUNST
DER UMKEHRUNG 50
KAPITEL 6: GUARD-POSITIONEN: WARUM IST ES SO
WICHTIG, SIE ZU KENNEN? 58
KAPITEL 7: DIE KUNST DES TAKEDOWNS 77
KAPITEL 8: DIE KUNST DER SUBMISSION 84
KAPITEL 9: KOMBINIERE DAS GELERNTE:
FORTGESCHRITTENE TECHNIKEN 99
KAPITEL 10: GEWICHTSDRUCK UND ENERGIEKONTROLLE ... 105
KAPITEL 11: BRASILIANISCHES JIU-JITSU UND JAPANISCHES
JIU-JITSU IM VERGLEICH 111
KAPITEL 12: TÄGLICHE ÜBUNGEN IM BRASILIANISCHEN
JIU-JITSU 119
FAZIT 124
HIER IST EIN WEITERES BUCH VON CLINT SHARP, DAS
IHNEN GEFALLEN KÖNNTE 125
QUELLENANGABEN 126

Einleitung

Möchtest du mehr über brasilianisches Jiu-Jitsu erfahren? Das auch als sanfte Kunst bezeichnete Brazilian Jiu-Jitsu (BJJ) wurde in den frühen 90er Jahren bekannt, als Royce Gracie, ein Jiu-Jitsu-Experte, dreimal (jeweils den ersten, zweiten und vierten Platz) bei den Ultimate Fighting Championships gewann.

Gracies Gegner waren viel größer und hatten ein umfangreiches Training in anderen Stilen und Techniken wie Ringen, Karate, Muay Thai und Boxen absolviert, aber er konnte sie dennoch besiegen. Sein Erfolg war der Grund dafür, dass Jiu-Jitsu zu einem beliebten MMA-Stil wurde, bei dem der Schwerpunkt auf dem Bodenkampf liegt.

Brasilianisches Jiu-Jitsu ist eine Kampfsporttechnik, die auch schwächeren und kleineren Teilnehmern die Möglichkeit gibt, sich erfolgreich gegen stärkere und größere Angreifer zu verteidigen. Sie konzentriert sich auf Bodenkampf, Grappling und das Anwenden von Hebel- und Würgegriffen, um Gegner zu besiegen. Darüber hinaus umfasst diese Sportart auch Schläge, Würfe und Tritte.

Der Schlüssel ist die Hebelwirkung, die es auch kleinen Personen ermöglicht, die Technik zu erlernen und zu beherrschen.

Die gute Nachricht ist, dass jeder brasilianisches Jiu-Jitsu lernen und meistern kann. Man muss nur über das richtige Material und die richtige Art von Training verfügen, das alle wichtigen Details und die richtige Ausführung behandelt. Die Inhalte dieses Buches sind sehr leserfreundlich geschrieben und konzentrieren sich mehr auf die detaillierten Abläufe und Techniken, die du für diese Kampfkunst benötigst.

Der wichtigste Aspekt beim Jiu-Jitsu ist das Grappling, und mit diesem Buch als Leitfaden kannst du es effizient meistern. Das Tolle an diesem Buch ist, dass es so geschrieben ist, dass du Konzepte, Techniken, Formen und alle anderen wichtigen Aspekte des brasilianischen Jiu-Jitsus schnell verinnerlichen kannst. Es werden einfache Begriffe verwendet, die du leicht verstehen kannst.

Nach dem Lesen wirst du das Meiste, wenn nicht sogar alles, über brasilianisches Jiu-Jitsu wissen und deine ersten Schritte auf dem Weg zum Meister machen können. Wenn du das hier erworbene Wissen in die Praxis umsetzt, wirst du in den Genuss der lohnenden Vorteile des brasilianischen Jiu-Jitsus kommen, darunter eine bessere Balance und Koordination, Selbstdisziplin, Selbstvertrauen und mentale Konzentration.

Ich empfehle dringend, dieses Material mit relevanten Videos über brasilianisches Jiu-Jitsu zu kombinieren, damit du einen aktiveren visuellen Input erhältst. Auf diese Weise wird es einfacher sein, den Techniken und Anweisungen in diesem Buch zu folgen.

Kapitel 1: Was ist brasilianisches Jiu-Jitsu?

Das brasilianische Jiu-Jitsu, auch als BJJ bezeichnet, ist eine Form der Kampfkunst mit Techniken, die sich mehr auf das Grappling konzentrieren. Diese auf Grappling basierende Kampfkunst legt auch den Schwerpunkt auf die Nutzung von Körperkraft und Techniken, die Gegner durch Würgegriffe und durch das Blockieren einzelner Gelenke zur Aufgabe zwingen können. BJJ ist weitläufig als äußerst effektive Methode des unbewaffneten Kampfes anerkannt und erfreut sich immer größerer Beliebtheit, da es in globalen Kampfsportorganisationen wie der UFC ständig vertreten ist.

Die Geschichte des brasilianischen Jiu-Jitsus

Die Wurzeln des brasilianischen Jiu-Jitsus lassen sich bis zum japanischen Kodokan-Judo zurückverfolgen, einer Kampfkunst, die ursprünglich von Jigoro Kanos japanischem Jujutsu abgeleitet wurde. Da Judo als Kampfkunst eingestuft wurde, bestand es aus den Wurftechniken des Jujutsu und den grundlegenden Techniken am Boden. Der Fokus auf den Bodenkampf war begrenzt, weswegen BJJ eine Revolution darstellte.

1904 reiste einer der besten Experten für den Bodenkampf im Judo, Mitsuyo Maeda, von Japan aus an verschiedene Orte auf der ganzen Welt, um Judo zu unterrichten. In seinen Lehren legte er den Schwerpunkt vor allem auf Bodenkampftechniken. Maeda erreichte

Brasilien im Jahr 1914, wo er ebenfalls mit dem Unterrichten begann und versuchte, eine japanische Gemeinschaft aufzubauen.

Carlos Gracie, einer von Maedas Schülern in Brasilien, studierte etwa fünf Jahre lang bei ihm. Gracie gab die Techniken, die er von Maeda gelernt hatte, an seine vier Brüder weiter, und gemeinsam eröffneten sie 1925 die erste Jiu-Jitsu-Akademie in Brasilien.

Gracies Bruder Helio war gesundheitlich angeschlagen und von kleiner Statur. Als kleinere Person wurde er ermutigt, den von Maeda gelehrten Techniken mehr Aufmerksamkeit zu schenken. Er begann, selbst die grundlegendsten Techniken und Konzepte des Judo zu bearbeiten und anzupassen, indem er Hebelwirkung einbaute. Seine Modifikationen erhöhten die Wahrscheinlichkeit, dass auch kleinere Gegner kämpfen konnten – und größere besiegten.

Er begann auch, mit den Grundtechniken des Judo zu experimentieren, um sie zu optimieren und zu verbessern. Dies führte zur Entwicklung und Entstehung des Gracie Jiu-Jitsu, besser bekannt als brasilianisches Jiu-Jitsu, einer effektiveren und dennoch sanfteren Version dieser Kampfkunst.

Als sich Judo weiterentwickelte, gab es auch einige Änderungen in den Regeln, die den Schwerpunkt von grundlegenden Techniken auf Würfe verlagerten. Dadurch wurde auch die Anwendung erlaubter Hebeltechniken eingeschränkt. In dieser Zeit begann sich das brasilianische Jiu-Jitsu als eigenständige Sportart zu entwickeln. Beim brasilianischen Jiu-Jitsu sind alle Takedowns aus dem Judo erlaubt.

Abgesehen davon legte Helio Gracie beim Training des brasilianischen Jiu-Jitsus großen Wert auf Vollkontaktkämpfe, einschließlich Schlägen, und erhöhte die Praktikabilität des Sports als Form der Selbstverteidigung. Diese Regeln führten dazu, dass sich das brasilianische Jiu-Jitsu in Brasilien zu einem unverwechselbaren und einzigartigen Kampfstil weiterentwickelte.

Dies führte zu Kämpfen ohne Regeln, bei denen die Teilnehmer des brasilianischen Jiu-Jitsus gegen andere Kampfsportdisziplinen antraten. Durch diese Kämpfe wurde die Effektivität des brasilianischen Jiu-Jitsus als einzigartiges Kampfsystem allgemein anerkannt.

1972 reiste Carley Gracie in die USA und begann dort, brasilianisches Jiu-Jitsu zu unterrichten. 1978 folgte ihm Rorion Gracie. Da das brasilianische Jiu-Jitsu in den USA immer beliebter wurde, gründete Rorion Gracie unter anderem die Ultimate Fighting

Championship.

In der Anfangsphase der UFC zeigte Royce Gracie, wie mächtig brasilianisches Jiu-Jitsu war, indem er Kämpfer besiegte, die in vielen anderen Disziplinen bekannt waren. Die Effektivität und Kraft des brasilianischen Jiu-Jitsus wurden auch einem breiteren Publikum bei der ersten UFC-Veranstaltung präsentiert, die als Pay-per-View verfügbar war.

Wichtige Meilensteine in der Geschichte des brasilianischen Jiu-Jitsus

- **1925** – Academia Gracie de Jiu-Jitsu, die erste Schule für die Ausübung des Sports, wurde von Meister Carlos Gracie eröffnet.
- **1990er-Jahre** – brasilianisches Jiu-Jitsu gewinnt in den USA an Bekanntheit. In den 90er-Jahren errang Royce Gracie auch einen Sieg gegen einen starken Gegner, der einen anderen Kampfsport ausübte. Er erlangte diesen Titel während der Ultimate Fighting Championship (UFC).
- **1994** – Gründung der IBJJF (International Brazilian Jiu-Jitsu Federation). Ziel dieser Organisation ist es, die Wettkämpfe des Sports zu regeln und zu verwalten.

Kernkonzepte und Aspekte des brasilianischen Jiu-Jitsus

Die Kern- und Grundkonzepte des brasilianischen Jiu-Jitsus bestehen darin, jeden Kampf zu Boden zu bringen. Es geht darum, den Gegner zu pinnen und Angriffe in Form einer Submission auszuführen.

Jedes Mal, wenn du unten liegst, solltest du dir zum Ziel setzen, durch Rutschen und Schieben Platz zu schaffen und Abstand zu gewinnen. Dies ist auch möglich, indem du deinen Gegner mit Hebelwirkung umdrehst, wodurch du die Möglichkeit erhältst, eine dominantere Position einzunehmen.

Hinweis: Die Kernkonzepte und Grundlagen von Jiu-Jitsu müssen in jedem Konzept, jeder Technik und jeder Position dieses Sports angewendet werden. Während dieser Sport immer wieder neue Methoden und Techniken übernimmt, bleiben die Grundlagen des

Sports, die als Basis dienen, unverändert.

Deshalb musst du dir immer wieder vor Augen führen, dass der Hauptfokus beim brasilianischen Jiu-Jitsu darin besteht, Gegner zu Boden zu bringen und zu besiegen, da es bei dieser Form der Kampfkunst um Grappling am Boden geht. Beim brasilianischen Jiu-Jitsu musst du deinen Gegner zu Boden bringen, da dies die einzige Möglichkeit ist, ihm die Kraft zu nehmen und den Kampf im Stehen zu beenden.

Die Positionen unten und oben gelten als das Herzstück des brasilianischen Jiu-Jitsus, da dies die einzigen verfügbaren Optionen sind, wenn sich beide Gegner am Boden befinden. Es ist notwendig zu lernen, in dominantere Positionen zu wechseln und aus dominanteren Positionen zu entkommen, um Gegner zu besiegen und zu überleben.

Beim Training von brasilianischen Jiu-Jitsu wirst du neue und moderne Techniken kennenlernen; einige davon werden vielleicht in Vergessenheit geraten. Die Kernkonzepte werden jedoch erhalten bleiben, was beweist, dass sie tatsächlich grundlegend sind. Mehrere Techniken, die im brasilianischen Jiu-Jitsu angewendet werden, zeigen, wie diese Grundlagen funktionieren.

Zum Beispiel zeigt der Scissor Sweep, wie wichtig Griffe, Hebel, das Verlagern des Gleichgewichts und das Schaffen von Raum sind, wenn man den Gegner zu Boden wirft oder schlägt.

Das 4-Schritte-System verstehen

Wenn du die Grundregeln und -konzepte des brasilianischen Jiu-Jitsus lernen und verstehen willst, hilft es, sich mit dem von John Danaher entwickelten 4-Stufen-System vertraut zu machen. Dieses 4-Stufen-System beinhaltet, den Gegner zu Boden zu bringen, die Beine zu überwinden, sich durch die Hierarchie der Pins zu arbeiten und dann mit einer Submission-Technik anzugreifen.

Um dieses System umzusetzen, sind insgesamt drei Positionen erforderlich – stehend, unten am Boden und oben am Boden. Der erste Schritt besteht darin, den Gegner zu Boden zu bringen, und das Ziel ist es, sich von der natürlichen Unberechenbarkeit des Kampfes im Stehen fernzuhalten.

Der Vorteil, den Kampf auf den Boden zu verlagern, besteht darin, dass die Kraft, die dein Gegner mit seinen Armen und Beinen erzeugen kann, eliminiert wird. Du kannst dann den Beinen ausweichen, was entscheidend ist, um die Gefahren, die von deinem Gegner ausgehen, zu eliminieren. Verwende deine Beine, um zu treten, und schwinge dich über sie hinweg, um in eine untere Bodenposition zu gelangen.

Nachdem du die Beine deines Gegners überwunden hast, ist es dein Ziel, eine dominante Position zu erreichen und beizubehalten. Dein Fokus liegt auf den Positionen Knie auf Bauch, Back Mount, Mount und Side Control, da sie als Kernpositionen gelten. Da es sich um die wichtigsten Kernpositionen handelt, helfen sie dir, deinen Gegner unter Kontrolle zu halten.

Außerdem kannst du mit nur minimalem Risiko angreifen, eine Submission vorbereiten und durchführen. Es ist wie bei einem Schachspiel, bei dem du deinem Gegner immer eine Bewegung voraus sein musst, um dir einen Vorteil zu verschaffen.

Hand-zu-Hand-Kampf-Bereiche

Der Nahkampf, der auch im brasilianischen Jiu-Jitsu eine entscheidende Rolle spielt, umfasst drei Hauptbereiche oder -kategorien.

Stehende Position und freie Bewegung

Die meisten Wettbewerbe oder Kämpfe beginnen im Stehen. Wenn der Kämpfer Tritte und Schläge ausführt, spricht man von der Schlagdistanz. Viele Schlagdisziplinen, wie Boxen und Kickboxen, verbringen in der Regel einen Großteil ihrer Zeit in dieser Distanz. Auch die meisten Grappling-Disziplinen beginnen Kämpfe und Wettkämpfe im Stehen, gehen jedoch oft schnell in den Clinch, die zweite Distanz, über.

Clinch

Im Clinchbereich greifen und halten sich die Kämpfer im Stehen. Da beide Kämpfer noch stehen, wird dies auch als stehendes Grappling bezeichnet. Andere Kampfsportarten, die sich auf Clinch oder stehendes Grappling spezialisiert haben, sind griechisch-römischer Ringkampf, Sambo, Muay Thai Kickboxen und Judo.

Das Hauptziel des Clinch besteht darin, Schläge zu stoppen oder abzuschwächen, Würfe und Takedowns vorzubereiten, Schläge aus dem Clinch heraus anzubringen und Takedowns zu blockieren, bis sich ein Kämpfer befreien kann. Das letztendliche Ziel hängt immer von der Situation und der aktuellen Position des Kämpfers ab.

Bodenkampf

Die dritte Kategorie ist der Bodenkampf, der stattfindet, wenn einer der beiden Kämpfer nicht mehr steht. Während in verschiedenen Kampfsportarten ein Kampf am Boden als Niederlage gewertet wird, trainiert dich das brasilianische Jiu-Jitsu, den Kampf bewusst dorthin zu verlagern. Bodenkampf ist das, worauf du dich beim Training des brasilianischen Jiu-Jitsus spezialisieren solltest. Es ist auch wichtig, sich auf das Training anderer Grappling-Künste wie Ringen, Judo und Sambo zu konzentrieren, bei denen du ebenfalls einen beträchtlichen Teil deiner Zeit damit verbringst, am Boden zu kämpfen.

Warum liegt der Schwerpunkt beim brasilianischen Jiu-Jitsu auf Grappling und Bodenkampf?

Bei Wettkämpfen und Kämpfen, die länger als gewöhnlich dauern, kommt es höchstwahrscheinlich zu einer Bewegung im Clinch, und aus dieser Position heraus bringen die Kämpfer den Kampf zu Boden. In den meisten Fällen kommt es durch einen absichtlichen Takedown, einen Schoolyard-Tackle oder einen Verlust des Gleichgewichts, z. B. durch Stolpern oder einen starken Schlag, zu einem Bodenkampf.

Eine wichtige Tatsache, die man sich merken sollte, ist, dass die Gracies sich einen ausgezeichneten Ruf erarbeitet haben, indem sie sich an die Prämisse hielten, dass der Teilnehmer selbst verhindern muss, im Stehen k. o. zu gehen. Ihr Ziel war es, ihren Gegner zu kontrollieren, sobald er bereits am Boden lag. Sie wurden darin geschult, einige grobe Takedowns einzusetzen, die zu Bodenkämpfen führten, und die sie in die Lage versetzten, die Unerfahrenheit und Unkenntnis ihrer Gegner mit diesem spezifischen Bereich voll auszunutzen.

Wenn du brasilianisches Jiu-Jitsu trainierst, solltest du daran denken, dass es bei diesem Sport im Gegensatz zu anderen Kampfsportarten nicht viele Möglichkeiten gibt, wieder in den Stand zurückzukehren. Außerdem gewinnst du nicht durch Festhalten, wie es beim Judo oder Ringen der Fall ist.

Vor diesem Hintergrund müssen sich Kämpfer im brasilianischen Jiu-Jitsu auf den Bodenkampf konzentrieren, da die meisten Kämpfe in diesem Bereich stattfinden und auf dem Boden bleiben, wenn man den Kampf natürlich ablaufen lässt.

Rangordnung nach Position und Dominanz

Ein weiteres grundlegendes Konzept und eine der wichtigsten theoretischen Grundlagen des brasilianischen Jiu-Jitsus ist die Positionshierarchie oder -dominanz. Dieses Konzept umfasst bestimmte Positionen, die bessere oder schlechtere Ergebnisse erzielen. Daher ist es wichtig, diese zu kennen und zu wissen, was zu tun ist, wenn man in eine solche Position gerät.

Wenn du die Positionsdominanz oder -hierarchie kennst, bekommst du ein klares Verständnis dafür, was im Bodenkampf passiert, und kannst dich besser schützen und den Kampf möglicherweise gewinnen. Wenn du dich auf der dominanten oder oben liegenden Seite befindest, sieht die traditionelle Hierarchie wie folgt aus:

- Rear Mount
- Mount
- Knie auf dem Bauch
- Side Control
- Turtle

Half, open, dann closed guard

Wenn du in die unterlegene oder unterste Position der oben genannten Stellungen gerätst, solltest du damit rechnen, dass sich auch diese traditionelle Hierarchie umkehrt, d. h. die schlechteste der genannten Stellungen wird oben sein, gefolgt von den weniger schlechten Positionen, usw..

Um deinen Gegner erfolgreich zu besiegen, musst du so oft wie möglich versuchen, eine dominante Position einzunehmen. Du weißt, dass du dich in einer dominanten Position befindest, wenn du sie leicht halten kannst, anstatt dich aus ihr zu befreien. Eine dominante Position verschafft dir außerdem einen Hebel und einen mechanischen Vorteil. Sie schützt dich vor Submissions und Schlägen und gibt dir viele Möglichkeiten, den Kampf durch Submissions oder Schläge gegen deinen Gegner zu beenden.

Während eines Kampfes im brasilianischen Jiu-Jitsu erhältst du Punkte, wenn du im Verlauf des Kampfes verschiedene dominante Positionen am Boden einnimmst und dich durch diese bewegst. Hier ist eine Übersicht über das Punktesystem im brasilianischen Jiu-Jitsu, das auf dominanten Positionen basiert.

- Rear Mount = 4 Punkte
- Passieren der Deckung = 3 Punkte
- Mount = 4 Punkte
- Takedown aus dem Stand = 2 Punkte
- Knie auf dem Bauch = 2 Punkte
- Sweep aus der Guard-Position = 2 Punkte

Position vor Submission

Das brasilianische Jiu-Jitsu arbeitet auch nach seinem traditionellen Mantra, das lautet: Position vor Submission. Das bedeutet, dass eine sichere und geschützte Positionshierarchie wichtiger ist als die Submission.

Es wäre beispielsweise nicht klug, deinen Gegner zur Aufgabe zu zwingen, wenn du dich noch in einer schlechten Position oder in seinem Schutz befindest. Es ist auch nicht ratsam, in Armhebel zu fallen oder zu springen, da diese fehlschlagen können und du Gefahr läufst, unter deinem Gegner zu landen.

Wenn du mehr Erfahrung und Fähigkeiten in diesem Sport hast, kannst du dein Mantra anpassen, denn durch die Verbesserung deiner Fähigkeiten wirst du selbstbewusster und sicherer in deinen potenziellen Befreiungs- und Verteidigungsaktionen.

Mit anderen Worten: Auch wenn du bei deinen Versuchen, den Gegner zu Submission zu zwingen, gescheitert bist, helfen dir die Fähigkeiten, die du durch Training und Erfahrung erworben hast, dich selbstbewusst zu erholen und eine andere, effektivere Position zu versuchen. Anfänger müssen sich jedoch an das Mantra halten, da es die Konzentration auf die Position vor der Submission verlangt - die Grundlage des brasilianischen Jiu-Jitsus.

Vorteile des brasilianischen Jiu-Jitsus

Jetzt, da du die Kernkonzepte und Grundlagen des brasilianischen Jiu-Jitsus kennst, ist es an der Zeit, mehr über die Vorteile zu erfahren, die du durch das Erlernen dieser alten Kampfkunst erzielen kannst. In diesem Abschnitt erfährst du mehr über die Vorteile des brasilianischen Jiu-Jitsus und welche positiven Auswirkungen es auf dich haben kann.

Eine Form der Selbstverteidigung

Beim Training des brasilianischen Jiu-Jitsus lernst du Bewegungen, die sich als nützlich erweisen, wenn du dich in einer Situation befindest, in der du dich schützen musst, insbesondere bei einer körperlichen Auseinandersetzung. Als bewährtes Selbstverteidigungssystem trainiert dich das brasilianische Jiu-Jitsu, dich zu verteidigen, wenn du angegriffen wirst, und du wirst genau wissen, wie du deinen Angreifer zu Boden bringen, ihn kontrollieren und seine Angriffe abwehren kannst.

Bessere körperliche Fitness

Brasilianisches Jiu-Jitsu ist zweifellos eine großartige Trainingsform. Jede Sparringsrunde dauert etwa 5 Minuten, beinhaltet aber verschiedene Bewegungen mit geringer und hoher Intensität mit nur minimaler Pause. Brasilianisches Jiu-Jitsu ist in der Tat ein fantastisches Training, das anaerobe und aerobe Ausdauer erfordert. Wenn du eine halbe Stunde lang hart trainierst, verbrennst du etwa 500 Kalorien.

Gut für deine psychische Gesundheit

Ein weiterer unglaublicher Vorteil des brasilianischen Jiu-Jitsus ist, dass es deine psychische Gesundheit verbessern kann. Es ist sogar ein wirksames Mittel zum Stressabbau, das deine Stimmung heben kann. Jedes Mal, wenn du mit dem Training von Jiu-Jitsu beginnst, hast du die Möglichkeit, dich von der Welt und den Sorgen um dich herum zu lösen.

Brasilianisches Jiu-Jitsu hilft dir sogar, im Hier und Jetzt zu leben, was sich positiv auf den Aufbau deines Selbstwertgefühls und die Schaffung eines positiven Selbstbildes auswirkt. Da es sich positiv auf die psychische Gesundheit auswirkt, kann es dir helfen, Depressionen und Angstzustände zu verhindern.

Fördert Disziplin

Die mentalen und körperlichen Herausforderungen, denen du beim Training des brasilianischen Jiu-Jitsus wahrscheinlich begegnen wirst, werden sich positiv auf deine Disziplin auswirken und diese fördern. Allein die Anforderung, jede Woche ohne Ausnahme am Unterricht teilzunehmen, trägt bereits zur Entwicklung von Disziplin bei. Du musst auch diszipliniert mit Niederlagen beim Sparring umgehen, was für dein Wachstum unerlässlich ist.

Verbessert die Fähigkeiten zur Problemlösung und zum kreativen Denken

Deine Fähigkeiten zur Problemlösung und zum kreativen Denken werden beim Training des brasilianischen Jiu-Jitsus auf die Probe gestellt, weshalb viele diesen Sport auch als menschliches Schachspiel bezeichnen. Bei dieser Kampfkunst musst du dich ständig an verschiedene Körpertypen, Techniken und Stile anpassen.

Dein Gehirn wird darauf trainiert, kreativ wie auch ruhig zu sein, selbst unter Stress und Druck. Außerdem wird dein Gehirn darauf trainiert, komplexe Probleme zu bewältigen und zu lösen. Deine Fähigkeit, dich anzupassen und schnell zu denken, wird ebenfalls verbessert, da du bei jedem Training mit anderen Herausforderungen konfrontiert wirst.

Wenn du regelmäßig brasilianisches Jiu-Jitsu trainierst, kannst du dich aus deiner Komfortzone herauswagen. Dieser Sport wird dich herausfordern, zu wachsen und ständig etwas Neues zu lernen. Du wirst darin geschult, deine Ängste zu überwinden und Dinge zu tun, die du zuvor für unmöglich gehalten hast. Brasilianisches Jiu-Jitsu ist daher wertvoll für deine persönliche Entwicklung.

Kapitel 2: Wissenswertes für alle, die sich mit brasilianischem Jiu-Jitsu beschäftigen

Wie du wahrscheinlich inzwischen weißt, handelt es sich beim brasilianischen Jiu-Jitsu um eine Bodenkampfkunst, bei der verschiedene Halte- und Hebeltechniken eingesetzt werden, um den Gegner zu besiegen. Jeder, der Erfahrung mit Judo oder Ringen hat, wird sofort erkennen, dass Jiu-Jitsu eine einzigartige und andere Herausforderung darstellt.

Bevor du deinen Gegner zur Submission zwingen kannst, musst du ihn erst einmal auf die Matte bringen. Sobald du auf dem Boden bist, kannst du deine Judo-Fähigkeiten einsetzen und verschiedene Takedown-Techniken und Würfe anwenden. Beim brasilianischen Jiu-Jitsu verbringst du die meiste Zeit im Stehen mit Würfen, Ringtechniken und Tritten.

Das Stehen ist auch beim brasilianischen Jiu-Jitsu von entscheidender Bedeutung, aber der Schwerpunkt liegt mehr auf dem Bodenkampf. Das letztendliche Ziel dieser Strategie besteht darin, sich durch effektives Ringen eine dominante Position zu verschaffen und eine Vielzahl von Kampftechniken einzusetzen, um den Kampf zu beenden.

Ähnlich wie bei anderen Kampfsportarten basieren die Prinzipien des brasilianischen Jiu-Jitsus fest auf Tradition, Respekt und Ehre. Daher müssen Anfänger jegliche übermäßige Selbstsicherheit und Egoismus zu

Hause lassen, wenn sie an Kursen teilnehmen.

Außerdem solltest du wissen, dass das einzige Mittel, um deine Herausforderungen im brasilianischen Jiu-Jitsu zu meistern, darin besteht, Bescheidenheit zu üben. Sei bescheiden und höre aufmerksam zu, was deine Trainer dir beibringen. Es kann auch hilfreich sein, wenn du den Rat deiner erfahreneren und geschickteren Teamkollegen einholst.

Vorbereitung auf den ersten Kurs in brasilianischem Jiu-Jitsu

Der Schlüssel für Anfänger, um die anfänglichen Trainingsschwierigkeiten beim brasilianischen Jiu-Jitsu zu überwinden, ist, sich vollständig auf die erste Trainingseinheit vorzubereiten. Jeder, der ernsthaft daran interessiert ist, brasilianisches Jiu-Jitsu zu lernen und zu meistern, kann unangenehm schwitzende Hände und ein leichtes Kribbeln im Bauch verspüren, insbesondere wenn er noch unsicher ist, was ihn erwartet, wenn er zum ersten Mal durch die Türen seiner gewählten Akademie geht.

Viele Schulen für brasilianisches Jiu-Jitsu bieten neuen und potenziellen Schülern die Möglichkeit, zunächst einmal einer Unterrichtsstunde beizuwohnen. Du kannst den Trainer kennenlernen und hast die Möglichkeit, vor Beginn des Trainings einige Fragen zu stellen. Einige Schulen bieten sogar eine Probestunde an, damit angehende Schüler des brasilianischen Jiu-Jitsus entscheiden können, ob sie wirklich mit dem eigentlichen Unterricht und Training fortfahren möchten.

Was solltest du anziehen?

Als Anfänger musst du während deiner Probestunde oder der ersten Trainingseinheit nicht in einen BJJ-Gi investieren. Ein T-Shirt oder ein Rashguard und Shorts sind völlig in Ordnung. Achte jedoch darauf, dass du keine Kleidung mit Taschen, weite Stoffe oder Gürtelschlaufen trägst, da diese eine Gefahr darstellen können, insbesondere wenn sich deine Zehen oder Finger darin verfangen.

Es ist auch ratsam, anstelle von Schuhen ein Paar Flip-Flops zu tragen, da auf der Matte keine Schuhe getragen werden. Wenn du dich nach einer Probestunde für brasilianisches Jiu-Jitsu entscheidest, muss die Anschaffung eines Gi oberste Priorität haben und sollte bei allen

Kursen getragen werden.

Die traditionelle Uniform für brasilianisches Jiu-Jitsu benötigt einen Gürtel, um die Jacke an Ort und Stelle zu halten. Der Gürtel wird auch für einige defensive oder offensive Positionen verwendet, die du im Laufe des Trainings erlernen wirst. Gürtel repräsentieren auch deinen Rang als Kampfsportler im brasilianischen Jiu-Jitsu. Du benötigst außerdem eine Grappling-Hose, die nicht so leicht verrutscht und dir die dringend benötigte Flexibilität am Boden bietet. Ein Rashguard ist immer eine gute Idee, da er Feuchtigkeit absorbieren und deinen Körper während des Trainings und der Kämpfe kühl halten kann. Du brauchst auf jeden Fall einen Mundschutz, obwohl es beim brasilianischen Jiu-Jitsu keine Tritte oder Schläge gibt, aber er dient der Sicherheit, falls du kopfüber fällst oder sich während des Trainings ein Unfall ereignet.

Du solltest dir vielleicht auch einen Tiefschutz zulegen, da dieser Bereich beim brasilianischen Jiu-Jitsu stark exponiert ist und leicht verletzt werden kann. Kopf- und Ohrenschutz schützen die empfindlichen Bereiche. Beim Ringen wird am Kopf gezogen, was zu schweren Ohrverletzungen führen kann; insbesondere das sogenannte Blumenkohlohr ist eine häufige Verletzung beim brasilianischen Jiu-Jitsu. Als Anfänger solltest du dir Knieschoner und -bandagen zulegen, da du wahrscheinlich hinfallen und auf den Knien landen wirst.

Hygiene

Auch auf die richtige Hygiene ist zu achten, bevor du den ersten Kurs besuchst. Achte darauf, dass deine Fuß- und Fingernägel gepflegt sind. Wenn du lange Haare hast, binde sie während des Kurses zu einem Dutt oder Pferdeschwanz zusammen. Entferne Piercings und Schmuck, um Verletzungen zu vermeiden. Generell solltest du auf Sauberkeit achten, denn niemand möchte mit einem ungepflegten Partner trainieren. Achte darauf, dass du die Art von Person bist, mit der andere trainieren möchten. Vergewissere dich, dass deine Uniform immer sauber ist und dein Atem frisch, um zu vermeiden, dass du deine Trainingspartner vor den Kopf stößt und die Erfahrung für andere negativ wird.

Was erwartet dich in der ersten Stunde?

Da du zum ersten Mal am Kurs für brasilianisches Jiu-Jitsu teilnimmst, ist es ratsam, frühzeitig zu kommen. Wenn möglich, solltest du 5 bis 10 Minuten vor Beginn des Kurses in der Schule oder

Akademie sein. So hast du Zeit, dich deinem Trainer vorzustellen. Wenn du die Schule noch nicht besucht hast, kannst du diese zusätzlichen Minuten nutzen, um dich umzuschauen.

Beachte auch, dass du möglicherweise ein Haftungsausschlussformular unterschreiben musst, bevor du an deinem ersten oder Probetraining teilnehmen kannst. Ziehe dich vor Beginn des Trainings angemessen an und dehne dich, um deinen Körper vorzubereiten.

Jede Trainingseinheit beginnt mit einer Gruppenaufstellung, also stelle dich darauf ein, wenn du zum ersten Mal am Kurs teilnimmst. Beachte, dass diese Aufstellung nicht die klassische oder traditionelle Aufstellung ist, die oft in Kickboxkursen durchgeführt wird. Beim brasilianischen Jiu-Jitsu werden die Gruppen nach Erfahrungsstufen und Gürteln aufgeteilt. Da du noch Anfänger bist und möglicherweise weder das eine noch das andere hast, stellst du dich am Ende auf, wo sich die Anfängergruppe befindet.

Aufwärmübungen

In deiner ersten BJJ-Stunde wirst du lernen, wie wichtig das Aufwärmen ist. Das Aufwärmen ähnelt dem in anderen Sportarten. Wenn du jedoch Kondition nicht zu deinen Stärken zählst, solltest du es nicht überstürzen. Es wäre besser, deine Energie für das aufzuheben, was als Nächstes kommt.

Da du noch Anfänger bist, wirst du wahrscheinlich mehr Zeit damit verbringen, deinem Trainer zuzuschauen und zu beobachten, wie er grundlegende Techniken des brasilianischen Jiu-Jitsus und die Logik hinter jeder einzelnen dieser Techniken demonstriert. In dieser Anfangsphase wirst du höchstwahrscheinlich die folgenden Bodenpositionen erlernen:

- Boden (offene, geschlossene und Halb-Guard-Positionen)
- Full und Back Mounts
- Side Control

Einige Trainer lassen dich leichte Aufwärmübungen machen, während andere ihren Unterricht mit einem intensiven Konditionstraining beginnen. Einige Kurse beginnen auch mit einem Aufwärmen in der Gruppe, wie Liegestützen und Runden laufen. Nach diesen Aufwärmübungen in der Gruppe folgen Einzelübungen wie Rückwärts- und Vorwärtsfallübungen und das sogenannte Shrimping.

Einige Bewegungen sind dir vielleicht noch völlig neu, aber keine Sorge. Schau dir an, was die anderen machen, und mach es ihnen nach. Dein Ziel ist es, zu lernen, wie man sicher auf den Boden fällt. Sei außerdem als Anfänger nachsichtig mit dir selbst. Sei nicht zu streng mit dir, wenn es dir anfangs schwerfällt, die Übungen und das Training korrekt auszuführen.

Denke daran, dass niemand am ersten Tag alles richtig machen kann. Es erfordert viel Übung. Mit Disziplin und Ausdauer wirst du schließlich einen weiter fortgeschrittenen Gürtel erhalten. Dein Trainer wird dir beibringen, wie du die Bewegungen und Techniken des brasilianischen Jiu-Jitsus korrekt ausführst.

Worauf du bei einem Trainer für brasilianisches Jiu-Jitsu achten solltest

Den richtigen Trainer für brasilianisches Jiu-Jitsu zu finden, ist einer der wichtigsten Schritte auf deinem Weg zum schwarzen Gürtel. Ohne den richtigen Lehrer könntest du leicht frustriert werden oder dich ernsthaft verletzen. Ein guter Trainer wird dich dazu ermutigen, dich zu verbessern, aber gleichzeitig wird er nicht so überheblich und unausstehlich sein, dass dir die Erfahrung keinen Spaß macht. Letztendlich solltest du Spaß und eine gute Zeit beim Training haben, auch wenn der Sport hart und herausfordernd ist. Hier ist, worauf du achten solltest, wenn du einen Trainer für brasilianisches Jiu-Jitsu suchst.

Kenntnisse und Fähigkeiten: Das Wichtigste bei einem Trainer für brasilianisches Jiu-Jitsu ist technisches Wissen. Er muss kein Weltmeister sein, sondern einfach nur jemand, der den Sport lange genug praktiziert hat, um zu wissen, was er tut. Du darfst nicht vergessen, dass Champions nicht unbedingt gute Trainer sind. In vielen Fällen sind sie es nicht. Du brauchst einen Trainer für brasilianisches Jiu-Jitsu, der über das nötige Wissen über die Grundlagen des Sports und die Besonderheiten der Techniken verfügt. Dabei ist nicht nur das aktuelle Wissen des Trainers zu berücksichtigen, sondern auch, wie lern- und entwicklungsbereit er ist. Das Letzte, was du brauchst, ist ein starrer Lehrer, der nicht bereit ist, neue Bewegungen zu lernen, geschweige denn zu lehren.

Die Frage ist, wie du herausfindest, ob dein Lehrer über gute technische Kenntnisse und Fähigkeiten verfügt. Nimm an ein oder zwei Kursen teil und beobachte, wie er die Dinge macht. Wenn dein Lehrer die Bewegungen nur schnell ausführt, ohne sich die Zeit zu nehmen, die Details jeder Bewegung zu erläutern und zu erklären, warum er sie so ausführt, ist die Wahrscheinlichkeit hoch, dass sein technisches Wissen nicht sehr gut ist und er dir nicht viel beibringen kann. Ein sachkundiger Lehrer wird dir erklären, wie alles gemacht wird und wie du diese Bewegungen nachmachen kannst. Er wird sich die Zeit nehmen, dir auch die kleinsten Details zu erklären und alle deine Fragen zu beantworten.

Betreuungsniveau: Das Letzte, was du brauchst, ist ein Trainer, der nicht einmal darauf achtet, was du im Unterricht machst. Es kann durchaus vorkommen, dass der Haupttrainer in der Schule herumläuft, den Schülern bei ihren Techniken zuschaut und hier und da eine Bemerkung macht. Das ist keine gute Herangehensweise, um Jiu-Jitsu zu lernen. Du brauchst praktische Erfahrung, einen Trainer, der in den Ring steigt und dir hilft, zu lernen und dich weiterzuentwickeln, und nicht am Rand sitzt und seine sozialen Medien überprüft. Dein BJJ-Trainer muss aktiv sein und sich an deinem Training beteiligen. Es ist auch ein Zeichen des Respekts für den Sport und dich; Respekt war schon immer ein Eckpfeiler der Kampfkünste und wird es auch immer sein.

Du zahlst viel Geld für deinen Unterricht, also sollte der Trainer auch derjenige sein, der dich trainiert. Achte darauf, dass du nicht an einen unerfahrenen Trainer verwiesen wirst, der noch in der Ausbildung ist. Darüber hinaus zeigt sich die Sorgfalt, die du in der Schule erfährst, in ihrem Unterrichtsstil. Gibt es einen festen Lehrplan oder werden die Dinge einfach ohne einen richtigen Kurs durchgeführt? Du brauchst einen Plan mit Endzielen, um deine Steigerung zu überwachen und zu bewerten. Bei Kampfsportarten ist Improvisation nicht der richtige Weg. Ein fester Plan, der von allen neuen Schülern befolgt wird, stellt sicher, dass du es mit Profis zu tun hast, die wissen, was sie tun.

Kommunikationsfähigkeiten: Ein guter Lehrer ist ein guter Kommunikator, egal ob in den Naturwissenschaften oder in den Kampfkünsten. Das Unterrichten von brasilianischem Jiu-Jitsu erfordert nicht nur körperliche, sondern auch verbale Fähigkeiten. Wie gut ist dein Trainer darin, seinen Standpunkt zu vermitteln und seine beabsichtigte Botschaft zu erklären? Sind seine Anweisungen klar? Ein Trainer kann über alle technischen Kenntnisse und Erfahrungen der Welt verfügen, aber wenn er diese Informationen nicht effektiv vermitteln kann, nützt er seinen Schülern nichts. Auch die

Körpersprache des Lehrers ist wichtig. Wie zugänglich ist er? Ist er jemand, dem man Fragen und Bedenken anvertrauen kann? Du möchtest nicht mit einem konfrontativen Lehrer für brasilianisches Jiu-Jitsu trainieren, der für Fragen nicht offen ist. Du möchtest auch nicht von jemandem unterrichtet werden, der seine Tätigkeit nicht mag und den Unterricht nur ungern abhält.

Das bringt uns zur Geduld, der Eigenschaft, die du bei deinem Trainer am meisten brauchst. Es dauert lange, bis man in diesem Sport besser wird, und anfangs wirst du Schwierigkeiten haben, neue Bewegungen zu lernen und neue Techniken zu verstehen. Du brauchst einen geduldigen Trainer, der dir den Raum gibt, den du zum Lernen brauchst. Viele Trainer scheinen zu vergessen, wie beängstigend es sein kann, etwas Neues zu beginnen, insbesondere Kampfsport, und sie zeigen sich frustriert über die Unfähigkeit ihrer Schüler, die Begriffe und Bewegungen zu verstehen. Das überträgt sich auf deine eigenen Gefühle als Schüler und du beginnst, ihre Frustration zu spüren. Wenn du feststellst, dass dein Trainer von Anfang an ungeduldig ist, solltest du dir einen anderen suchen. Ein geduldiger Lehrer kann dir beim Lernen helfen und dir einen sicheren Raum dafür bieten. Seine Geduld wirkt sich auch auf Schüler mit höherem Gürtel aus, die genauso geduldig sind wie ihr Lehrer mit Anfängern mit niedrigerem Gürtel. So entsteht eine gesunde Umgebung, in der Schüler aller Gürtel gemeinsam wachsen und lernen können, ohne gehetzt zu werden. Außerdem entsteht eine starke Bindung zwischen dir und deinem Lehrer, die nur schwer zu lösen ist.

Verhalten: Ein guter BJJ-Lehrer verhält sich außerhalb des Rings genauso gut wie innerhalb. Du musst einen qualifizierten Lehrer finden, der auch ein anständiger Mensch ist. Wie du in diesem Buch erfahren wirst, geht es beim brasilianischen Jiu-Jitsu – wie bei vielen Kampfkünsten – darum, sich selbst zurückzunehmen und sein Ego loszulassen. Es geht darum, ehrenhaft und freundlich zu sein. Deshalb ist das Verhalten des Trainers außerhalb des Rings genauso wichtig. Du möchtest nicht von jemandem unterrichtet werden, der missbräuchlich oder tyrannisch ist und sein Kampfkunstwissen dazu nutzt, Schwächere zu terrorisieren. Du denkst vielleicht, dass es möglich ist, zwischen den Lehrfähigkeiten und dem Verhalten zu trennen – aber das ist es nicht – und bevor du dich versiehst, könntest du dich in diese Person verwandeln und deine neu erlernten Fähigkeiten missbrauchen.

Informiere dich online über einen Trainer und lies, was andere ehemalige Schüler über sein Verhalten sagen. Wenn ehemalige Schüler oder Eltern sagen, dass der Trainer missbräuchlich oder tyrannisch ist, halte dich von ihm fern. Wenn du online nicht viel über den Trainer findest, nimm ein paar Stunden bei ihm und schau, ob die Kultur der Schule und die Grundhaltung des Trainers zu dir passen, bevor du dich entscheidest, weiterzumachen oder einen anderen Trainer zu suchen.

Einige erste BJJ-Techniken

Nach dem Aufwärmen wird dein Trainer dir möglicherweise einen Partner zuweisen. Ähnlich wie andere Anfänger in ihrer ersten Unterrichtsstunde musst du wahrscheinlich am Rand der Matte bleiben, um zu beobachten und grundlegende Techniken des brasilianischen Jiu-Jitsus zu üben. Es wird jedoch auch Situationen geben, in denen du direkt in den Unterricht integriert wirst.

Manche Schulen lassen dich nach ihrem Anfängerlehrplan BJJ üben, während andere verlangen, dass du die Techniken lernst, die am Tag deines ersten Unterrichts gelehrt werden. Einige grundlegende Techniken, die du höchstwahrscheinlich in deinem ersten BJJ-Kurs lernen wirst, sind der Scissor Sweep, Mount Escape, Side Control und Escape sowie Guard Pass.

Wenn du in den Anfängerkurs aufgenommen wirst, solltest du deinen Partner darüber informieren, dass dies deine erste Unterrichtsstunde ist. So weiß dein Partner, dass er es langsam angehen lassen, dich anleiten und mit dir kommunizieren muss.

Nach deiner ersten Unterrichtsstunde solltest du über deine Gesamterfahrung nachdenken, um zu entscheiden, ob du das Training fortsetzen möchtest. Wenn du dich dafür entscheidest, weiterzumachen, besprich die Mitgliedsbeiträge und die Verfügbarkeit von Kursen. Außerdem benötigst du einen Gi. Du kannst deinen Anzug für brasilianisches Jiu-Jitsu bei den meisten Lehrern und in seriösen Online- und Kampfsportgeschäften kaufen.

Wichtige Tipps für Anfänger im brasilianischen Jiu-Jitsu

Nachdem du dich entschieden hast, mit dem Training zu beginnen, solltest du deine Kenntnisse mit wertvollen Tipps erweitern, die über die aus dem ersten Kurs hinausgehen. Wenn du dich an zusätzlichen nützlichen Informationen orientierst, wird das etwas einschüchternde

Gefühl beim Erlernen dieses Kampfsports weniger stark sein.

Verpflichte dich zu konsequentem Training

Natürlich ist regelmäßiges Training unerlässlich, um brasilianisches Jiu-Jitsu erfolgreich zu meistern. Auch wenn es keine Garantie dafür gibt, dass du an jeder Trainingseinheit teilnehmen kannst, z. B. bei Notfällen, solltest du dennoch konsequent am Training festhalten. Dies ist der Schlüssel, um deine Fähigkeiten zu entwickeln und mit den Fortschritten in der Klasse Schritt zu halten.

Zum Beispiel: Wenn dein Trainer eine bestimmte Technik, Position oder Bewegung mindestens eine Woche lang unterrichtet und du erst gegen Ende am Unterricht teilnimmst, wird es schwieriger sein, die gesamte Trainingseinheit zusammenzufassen.

Wenn du also bereit bist, zu üben und die Ausführung zu wiederholen, wirst du eine deutliche Verbesserung deiner gesamten Leistung feststellen.

Trainiere mindestens zwei- bis dreimal pro Woche und nimm, wenn möglich, auch an zusätzlichen Trainings teil – bleibe nach dem Unterricht für zusätzliche Trainingseinheiten, besuche offenes Training und arbeite zu Hause an Solo-Übungen. Du kannst dich auch mit deinen Teammitgliedern abstimmen, damit ihr auch dann trainieren könnt, wenn die Sporthalle nicht geöffnet ist. Durch zusätzliches Training wirst du eine stetige Steigerung deiner Leistung bemerken.

Stelle Fragen

Als Anfänger wirst du viele Fragen zur Ausübung des brasilianischen Jiu-Jitsus haben. Zögere nicht und scheue dich nicht, während des Unterrichts alle Fragen zu stellen, die dir auf dem Herzen liegen. Wenn du deine Fragen nicht stellst, kann es sein, dass du Schwierigkeiten hast, diese neue Aktivität zu meistern.

Zum Glück sind die meisten erfahrenen Mitglieder, Trainer oder Ausbilder immer in der Nähe, um deine Fragen und Bedenken zum brasilianischen Jiu-Jitsu zu beantworten. Möglicherweise musst du bis zum Frage-und-Antwort-Teil warten, der oft am Ende jeder Klasse oder jedes Trainings stattfindet, um deine Bedenken zu äußern.

Außerdem solltest du dir angewöhnen, nach jeder Trainingseinheit Tipps von anderen mit mehr Erfahrung einzuholen. Deine Klassenkameraden werden dir gerne ihr Wissen über diesen Sport weitergeben und du kannst sie bitten, dir ihre ehrliche Meinung zu deiner Leistung zu sagen.

So erfährst du, wo deine Fehler liegen und in welchen Bereichen du dich verbessern solltest. All diese Details spielen eine entscheidende Rolle für deine Leistung und werden dir sicherlich dabei helfen, dich zu steigern.

Sei früh da

Ein weiterer wichtiger Tipp für Anfänger im brasilianischen Jiu-Jitsu ist, so früh wie möglich zum Unterricht zu kommen, oder mindestens 10 Minuten vor dem geplanten Unterrichtsbeginn. So hast du genügend Zeit, dich umzuziehen, dich zu lockern und auf deine Matte zu gehen, um dich kurz aufzuwärmen.

Solltest du aus irgendeinem Grund zu spät zu einer Trainingseinheit kommen, informiere deinen Trainer darüber. Eine kurze Entschuldigung für deine Verspätung ist ein Muss, bevor du dich ohne Verzögerung auf die Matte begibst. Was auch immer du tust, vermeide es, unbemerkt auf deine Matte zu rutschen, da dies das Training der gesamten Klasse stören könnte.

Halte deine Finger- und Fußnägel kurz

Wenn du einen Kurs in brasilianischem Jiu-Jitsu besuchst, musst du deine Finger- und Fußnägel kurz halten, um sicherzustellen, dass weder du noch deine Trainingspartner sich beim Sparring oder beim Üben verletzen. Das ist keine Übertreibung, denn lange Finger- und Fußnägel können bei jeder Trainingseinheit zu Verletzungen führen, und einige haben sogar Narben als Beweis für die durch lange Nägel verursachten Schäden.

Außerdem tummeln sich unter deinen Fingernägeln viele Bakterien, die dazu führen können, dass sich Schnittwunden infizieren. Achte also darauf, dass deine Nägel vor dem Training geschnitten sind. Das zeugt auch von guter Hygiene.

Meistere zuerst die grundlegenden Bewegungen

Als Anfänger solltest du unbedingt vermeiden, komplexe Bewegungen auszuführen, bevor du die Grundlagen beherrschst. Als Träger des weißen Gürtels (ein neuer Schüler des brasilianischen Jiu-Jitsus) musst du dich darauf konzentrieren, die Grundlagen zu erlernen und zu beherrschen, um dich auf komplexere Techniken vorzubereiten. Du solltest dich zunächst auf einige grundlegende Bewegungen konzentrieren: Shrimping, Bridging, Sweeping und Aufstehen.

- **Bridging** – Lege dich auf den Rücken und hebe beide Knie an, wobei deine Beine in einem 90-Grad-Winkel gebeugt bleiben. Hebe dann deine Hüften an, um in Position einer Brücke zu kommen.
- **Shrimping** – Bei dieser Bewegung geht es um Beweglichkeit, auch wenn du auf dem Rücken liegst. Du musst deine Hüften und Schultern so einsetzen, als wären sie Füße, um dich bequem bewegen zu können.
- **Sweeping** – Bei dieser Bewegung im brasilianischen Jiu-Jitsu benutzt du beide Füße, um die Beine und die Basis deines Gegners außer Gefecht zu setzen. Das Ergebnis dieser Bewegung ist eine bessere Position am Boden, was deine Gewinnchancen erhöht.
- **Aufstehen** – Dazu gehört natürlich die Bewegung in eine stehende Position. Es ist jedoch wichtig, sich an einen technischen Aufstehvorgang zu halten, da der wichtigste Aspekt darin besteht, sicherzustellen, dass man seinen Kopf nie gefährdet.

Shrimping und Bridging sind zwei der wichtigsten Bewegungen, die alle anderen Bewegungen und Techniken miteinander verbinden. Es ist auch wichtig, das Bridging zu perfektionieren, bevor man die Grundlagen des Entkommens aus einer schlechten und unerwünschten Position lernt und versteht. Darüber hinaus musst du das Shrimping auf beiden Seiten entwickeln und deine Fähigkeit verbessern, aufzustehen und einen Sweep zu vollenden, bevor du schließlich weiter fortgeschrittene und komplexere Submissions und Positionen ausprobieren kannst. Wenn du deine Fähigkeiten in diesen Grundlagen verfeinerst und sie reibungslos miteinander verbindest, wirst du als Anfänger (Träger des weißen Gürtels) einen deutlichen Fortschritt erzielen.

Locker bleiben beim Rollen

Ein weiterer wichtiger Tipp für Anfänger im brasilianischen Jiu-Jitsu ist, Nervosität, Angst und Anspannung während des ersten Wurfes loszulassen. Wenn du zum ersten Mal einen Wurf ausführst, ist dies auch deine erste Gelegenheit, alles, was du geübt und gelernt hast, in die Tat umzusetzen.

Denke daran, dass du dich noch in der Anfangsphase des Lernprozesses befindest und dein Verständnis und Wissen über diese Position daher noch begrenzt sein wird. Das ist jedoch kein Grund, bei deinem ersten Versuch, eine Rolle zu machen, nervös und angespannt zu sein. Lasse diese Emotionen los, indem du akzeptierst, dass du noch ein Anfänger bist, und dass du im Moment nur mit dem Strom schwimmen kannst.

Du kannst diese Gelegenheit auch nutzen, um neue Dinge auszuprobieren – Fehler zu machen und Risiken einzugehen. Lerne, wie du deinen Körper vor dieser Bewegung entspannen kannst, und bleibe währenddessen entspannt, denn das ist der Schlüssel zu mehreren Rollen und zur Beschleunigung deines Lernprozesses.

Kraft- und Ausdauertraining

Integriere etwas Kraft- und Ausdauertraining in deine Routine. Diese Fähigkeiten brauchst du, um Bewegungen im brasilianischen Jiu-Jitsu effektiver und leichter auszuführen. Du musst dich nicht in einen Powerlifter oder Langstreckenläufer verwandeln. Du musst lediglich Kraft und Ausdauer trainieren, um in die beste Form zu kommen und Verletzungen zu vermeiden.

Bring dein Ego nicht mit zum Unterricht

Am besten lässt du dein Ego zu Hause. Wenn du mit dem Training beweisen willst, dass du besonders gut in etwas bist, solltest du jetzt vielleicht aufhören. Denke daran, dass du dich als Anfänger in dieser Kampfkunst nur weiterentwickeln kannst, wenn du mit Bescheidenheit und ohne deine egoistische Persönlichkeit trainierst. Du wirst bessere Ergebnisse erzielen, wenn du das Training mit offenem Geist angehst.

Hier sind einige Punkte, die du während des Trainings beachten solltest, damit du weiterhin mit Bescheidenheit und Offenheit üben kannst:

- Erwarte nie, alles zu lernen, vor allem nicht, wenn du gerade erst anfängst.
- Vermeide es, dich zu verletzen, indem du so oft tappst, wie nötig.
- Vermeide es, eine Position zu erzwingen, wenn dein Partner sagt, dass er sie nicht möchte. Wenn er beispielsweise nicht gerne die Handfläche benutzt, zwinge ihn nicht dazu. Du kannst davon nicht profitieren und es könnte deinem Partner

nur wehtun.

- Mach dich nicht fertig, wenn du Fehler machst. Erlaube dir diese Fehler ab und zu und lerne daraus.
- Nimm jeden Ratschlag unvoreingenommen an.

Lass dein Ego während des Trainings niemals im Vordergrund stehen. Andernfalls könntest du es verletzen und das Training abbrechen. Um im brasilianischen Jiu-Jitsu erfolgreich zu sein, ist Bescheidenheit ein Muss, und du musst dich demütig zeigen und hart trainieren.

Apropos Bescheidenheit: Setze dir beim Training das Ziel, eine bessere Version deiner selbst zu werden, anstatt andere zu übertreffen. Die Philosophie hinter Kampfsport im Allgemeinen besteht nicht darin, besser zu sein als andere, sondern über sich selbst hinauszuwachsen. Das ist nicht nur eine Lektion in Sachen Bescheidenheit, sondern auch eine Möglichkeit, stetige Steigerungen zu erzielen, ohne Rückschläge und Frustrationen zu erleiden. Der sicherste Weg, um deine eigene Weiterentwicklung zu behindern, ist, dich mit anderen zu vergleichen. Wir alle haben unseren eigenen Weg, und deiner ist etwas Besonderes und Einzigartiges. Wenn du dir ansiehst, was andere tun, und dich mit ihnen vergleichst, wirst du nur deprimiert. Die Menschen, mit denen du dich vergleichst, haben vielleicht mehr Zeit zum Trainieren oder sind von Natur aus sportlich. Der Wettbewerb, den du mit ihnen eingehst, ist sinnlos und wird nicht zu deinen Gunsten ausgehen, also lass es gar nicht erst darauf ankommen.

Dein eigentliches Ziel sollte es sein, an deinen eigenen Fähigkeiten zu arbeiten und dich zu verbessern, unabhängig von den Fortschritten anderer. Diszipliniere dich selbst, um dich auf deine eigene Entwicklung zu konzentrieren. Anstatt zu fragen, ob du deinen Klassenkameraden besiegen könntest, frage dich, ob du dich selbst von vor ein paar Wochen schlagen kannst. So hörst du auf, dir Gedanken darüber zu machen, ob deine Klassenkameraden besser sind oder nicht. Das spielt keine Rolle; das Einzige, was zählt, ist deine eigene Entwicklung.

Geduld und Ausdauer

Nur mit Geduld und Ausdauer kannst du dich im brasilianischen Jiu-Jitsu verbessern. Diese Art von Kampfsport ist eine Kunstform, die wie jede andere Kunstform Zeit braucht, um sie zu meistern. Es geht nicht um natürliches Talent oder Fähigkeiten. Es geht darum, wer durchhalten und den anstrengenden Trainingsprozess auf sich nehmen kann, um mit jedem Tag besser zu werden. Das Besondere an Kampfsportarten ist, dass sie eine starke Arbeitsmoral aufbauen, denn jede noch so kleine Steigerung, die du erreichst, ist hart verdient – durch Tränen, Schweiß und wahrscheinlich Blut. Das macht den ganzen Weg sehr erfüllend, aber du musst geduldig sein und dem Prozess vertrauen.

Die Abbruchquote beim brasilianischen Jiu-Jitsu ist sehr hoch, weil viele Anfänger frustriert sind, wenn sie mit dem Training beginnen. Die Übungen sehen schwierig aus und fühlen sich auch so an, und oft hat man das Gefühl, dass man sie nie gut beherrschen wird. Man kann monatelang trainieren und trotzdem das Gefühl haben, nicht voranzukommen, was auch normal ist. Das ist jedoch nicht der Fall. Man wird besser und macht Fortschritte. Man sieht sie nur nicht. Diejenigen, die sich durch die negativen Emotionen und die Frustration kämpfen, werden es jedoch schaffen. Eines Tages wirst du dich beim Sparring mit deinem Klassenkameraden stärker und selbstbewusster fühlen und gewinnen. Es dauert Jahre, bis man sich im brasilianischen Jiu-Jitsu sicher fühlt, und das ist nichts, was nach ein paar Monaten Training passiert. Sinnvoll ist es, sich kurz- und langfristige Ziele zu setzen. Natürlich musst du Fortschritte in deinem eigenen Tempo erzielen, aber das bedeutet nicht, dass du keine langfristigen Ziele und Hoffnungen haben solltest. Du solltest nicht den Blauen Gürtel anstreben, sondern den Schwarzen. Das mag jetzt noch weit entfernt erscheinen, aber je mehr du arbeitest und Zeit investierst, desto näher rückt dieses Ziel.

Aufgeben

Eine der wichtigsten Lektionen, die du dir merken und verinnerlichen solltest, wenn du trainierst, ist, dass es keine Schande ist, aufzugeben. Das soll nicht heißen, dass du dich einfach ergeben oder aufgeben solltest, wenn es schwierig wird, aber es ist wichtig zu lernen, wann du verloren hast und dich geschlagen geben solltest. Dies ist ein sehr häufiger Fehler bei vielen Anfängern, die sich einfach nicht geschlagen geben wollen. Kampfgeist ist beim brasilianischen Jiu-Jitsu zwar lobenswert und etwas, das du dir bewahren solltest, aber wenn du nicht weißt, wann du dich geschlagen geben solltest, kann dies zu schweren Verletzungen führen und deinen Weg erschweren, bevor er überhaupt begonnen hat.

Denke daran, dass das Ziel des Trainings darin besteht, zu lernen und sich zu verbessern. Du musst niemandem etwas beweisen. An diesem Punkt deines Weges geht es nicht um Gewinnen oder Verlieren. Du musst dich darin üben, die traditionellen Vorstellungen von Gewinnen und Verlieren hinter dir zu lassen, weil du damit nichts Gutes erreichst. Wenn du aufgibst, kannst du immer etwas lernen. Sieh es nicht als Niederlage, sondern als Lernmöglichkeit. Wenn du besser wirst, lernst du die notwendigen Techniken, um dich aus Würgegriffen und Submission-Versuchen zu befreien, aber bis dahin solltest du auf deine Sicherheit achten und lernen, wann es Zeit ist, aufzugeben.

Häufige Anfängerfehler beim brasilianischen Jiu-Jitsu

Um das Beste aus deinem BJJ-Unterricht herauszuholen, solltest du dir gängige Fehler bewusstmachen. In diesem Abschnitt werden häufige Fehler von Anfängern besprochen.

Ungeeignete Griffe

Beim Grappling musst du deinen Gegner festhalten. Viele Anfänger sind sich nicht bewusst, wie wichtig es ist, den richtigen Griff zu finden, und das musst du unbedingt beherrschen, wenn du im brasilianischen Jiu-Jitsu erfolgreich sein willst. Es gibt drei entscheidende Komponenten für einen effektiven Griff: Die Kraft der Hände, die genaue Stelle, an die du greifen solltest, und das effiziente Greifen.

Die Kraft der Hände ist im Jiu-Jitsu von entscheidender Bedeutung, daher ist es notwendig, die Muskeln in beiden Händen richtig zu trainieren, um die Handkraft zu verbessern. Es gibt einige Übungen, die deine Hände kräftigen sollen, darunter Kettlebell-Schwünge, Seilziehen, Seilklettern und das Hanteltraining mit Greif- und Klemmgriffen.

Es ist auch wichtig zu lernen, wie man einen effizienten Griff ausführt, denn egal wie stark deine Hände sind, ein ineffizienter Griff führt immer noch dazu, dass deine Unterarme ermüden und du den Griff verlierst. Zu den Griffen, die du als Anfänger beherrschen musst, gehören die folgenden:

- **Pistol Grip** – Greife den brasilianischen Jiu-Jitsu-Gi mit dem kleinen Finger, der dem Handgelenk deines Gegners am nächsten ist. Achte darauf, dass du viel vom Material greifst. Der Griff ist derselbe wie beim Halten des Griffs einer Pistole.
- **C-Grip** – Greife deinen Gegner mit vier Fingern an Arm oder Handgelenk, indem du deinen Daumen nach innen krümmst,

ähnlich wie beim Formen des Buchstabens C.

- **Spider-Grip** – Bei diesem Griff musst du vier Finger verwenden und sie nach innen krümmen, um den GI-Ärmel deines Gegners zu greifen.
- **Monkey-Grip** – Greife mit den obersten Teilen der Gelenke deiner vier Finger.

Ein weiterer wichtiger Faktor beim Greifen ist die genaue Stelle, an die du greifen solltest, um die beste Hebelwirkung zu erzielen.

Wenn du keine Ahnung hast, wo genau du greifen solltest, wirst du keine Hebelwirkung erzielen können, egal wie sicher du denkst, dass dein Griff ist. Um dir eine Vorstellung zu geben: Zu den perfekten Griffstellen gehören die Hose, die Manschetten, die Revers und die Enden des Kragens.

Kein Fokus auf die Grundlagen

Einige Anfänger im brasilianischen Jiu-Jitsu sind so begeistert davon, zu komplexeren und fortgeschritteneren Techniken überzugehen, dass sie die Bedeutung der Verfeinerung ihrer Grundfertigkeiten vernachlässigen. Als Weißgurt könntest du auch versucht sein, alles auf einmal zu lernen. Versuche jedoch, diesen häufigen Fehler zu vermeiden.

Konzentriere dich darauf, die grundlegenden Bewegungen im Jiu-Jitsu zu perfektionieren, und sei dabei geduldig. Du wirst dich schließlich mit einer viel besseren Erfahrung belohnen, wenn du zu komplexeren Techniken übergehst.

- **Side Control Escape** – Diese berühmte Bewegung ermöglicht es dir, deine Hüften effektiv von unten aus zu bewegen, und sie ist auch die grundlegendste Bewegung, die du für eine erfolgreiche Flucht ausführen kannst.
- **Triangle Choke** – Diese charakteristische Bewegung dient der Submission. Es handelt sich um eine grundlegende Bewegung, die du beherrschen musst, da du sie bei einem Gegner anwenden musst, der größer ist als du.
- **Scissor Sweep** – Dies ist eine weitere grundlegende Bewegung, die du beherrschen solltest, da jede Sweep-Technik auf diesem Sweep basiert. Wenn du den Scissor Sweep anwendest, verliert dein Gegner das Gleichgewicht, was dir zugutekommt. Am besten ist es, den Scissor Sweep zusammen mit anderen

grundlegenden Bewegungen anzuwenden, um die besten Ergebnisse zu erzielen.

- **Cross-Collar Choke** – Dieser Griff dient als Ausgangspunkt, bevor du einen Sweep oder Angriff ausführst.
- **Americana-Lock** – Diese grundlegende Bewegung bezieht sich auf einen gängigen Griff, der beim Grappling eines Gegners verwendet wird. Bei korrekter Ausführung hast du die vollständige Kontrolle über den Arm deines Gegners.
- **Hip Bump Sweep** – Meistere diese Sweep-Technik, da du sie anwenden wirst, sobald dein Gegner bereits auf den Knien ist.

Wenn du diese grundlegenden Bewegungen beherrschst, bist du auf dem besten Weg, einer der besten Meister des brasilianischen Jiu-Jitsus zu werden.

Vernachlässigung der Bedeutung der Selbstverteidigung

Man sollte nie unterschätzen, wie wichtig es ist, ein paar Selbstverteidigungstechniken zu lernen. Einige Anfänger machen diesen Fehler und können sich folglich nicht aus einem einfachen Würgegriff befreien, weil sie die grundlegenden Selbstverteidigungstechniken nicht kennen.

Anstatt Selbstverteidigung zu vernachlässigen, solltest du die Grundlagen, die du zu Beginn deines Trainings gelernt hast, immer wieder durchgehen. Sobald du sie beherrschst, wirst du wissen, wie du sie neu aufbereiten und in eine Verteidigungstaktik umwandeln kannst.

Zu langes Festhalten einer Submission oder Position

Eines der ersten Dinge, die du beim Üben von brasilianischem Jiu-Jitsu lernst, ist der perfekte Zeitpunkt, um loszulassen, wenn du dich in einer Position befindest, die für dich nicht funktioniert.

Als Anfänger solltest du die Bewegung zum Cross Choke beherrschen, nachdem du zu lange für den Mount in Position warst – wenn der Gegner bereits weiß, wie er dich abwehren kann. Je schneller du die Kunst des Loslassens beherrschst, desto schneller wirst du deine Fähigkeiten verbessern.

Kenne deine körperlichen Grenzen

Wenn du ernsthaft brasilianisches Jiu-Jitsu meistern willst, dann lerne, wie man sinnvoll trainiert. In ihrem Bestreben, diese Kampfkunst schnell zu erlernen und zu meistern, zwingen sich einige Anfänger, zweimal täglich an sechs Tagen in der Woche zu trainieren. Letztendlich ist dies nicht sinnvoll und kann nur zu einem Burnout führen.

Wenn du erst einmal ausgebrannt bist, hast du vielleicht das Bedürfnis, eine Weile mit dem Training aufzuhören, was dem Ziel, die

Kampfkunst zu meistern, zuwiderläuft. Anstatt dich völlig zu verausgaben, solltest du dich an die durchschnittliche Trainingshäufigkeit von zwei- bis dreimal pro Woche halten. Vergiss nicht, dass brasilianisches Jiu-Jitsu kein Sprint ist, lerne also langsam, aber sicher.

Der wahrscheinlich wichtigste aller Anfänger-Tipps ist, Spaß zu haben. Vertraue dem gesamten Prozess und vergiss nicht, die gesamte Erfahrung zu genießen. Vermeide es, das Training nach drei Taps zu vollenden. Wenn du Zweifel hast, ob dein Partner getappt hat, lass einfach los. Es ist viel besser, vorsichtig zu sein, als sich mit Unbehagen auseinandersetzen zu müssen.

Vertraue auch deinen Trainern, Ausbildern und Partnern. Du sorgst dafür, dass die Umgebung, in der du trainierst, sicherer ist und sich sicherer anfühlt, was dazu führt, dass das Erlernen dieser Kampfkunst viel angenehmer und vergnüglicher wird.

Kapitel 3: Die Grundlagen des Grapplings im brasilianischen Jiu-Jitsu: Wie man sich im Kampf nicht schikanieren lässt

Beim Zweikampf bedeutet Grappling, einen Gegner aus nächster Nähe zu packen oder zu greifen, um sich einen bedeutenden Vorteil zu verschaffen. Kämpfer tun dies, indem sie eine stabile Position einnehmen. Grappling umfasst viele Disziplinen – darunter auch solche, die von Kämpfern im brasilianischen Jiu-Jitsu ausgeübt werden.

Der Begriff Grappling umfasst Techniken, die in vielen Kampfsportarten, insbesondere in Martial Arts und im brasilianischen Jiu-Jitsu, zum Einsatz kommen. Erfolgreiches Grappling bedeutet, dass du deinem Gegner effektiv Konter und Manöver entgegensetzt, um dir eine bessere Position und einen körperlichen Vorteil zu verschaffen.

Es umfasst auch Techniken, die darauf abzielen, deine Gegner zur Aufgabe zu zwingen. Bedenke jedoch, dass beim Grappling niemals Waffen zum Einsatz kommen und du deinen Gegner niemals schlagen solltest, wenn du eine Grappling-Technik anwendest.

Die Bedeutung von Grappling im brasilianischen Jiu-Jitsu

In der Disziplin des brasilianischen Jiu-Jitsus liegt der Schwerpunkt immer auf dem Grappling am Boden. Du musst die Grappling-Techniken beherrschen, da sie der Schlüssel sind, um deine Gegner zu Boden zu bringen und durch Würgetechniken eine Submission zu erzielen.

Grappling am Boden umfasst alle Grappling-Stile und -Techniken, die du anwendest, wenn du nicht mehr stehst. Der wichtigste Teil bei der Umsetzung dieser Technik ist die richtige Positionierung. Du musst dich in einer dominanten Position befinden, was oft dadurch gekennzeichnet ist, dass du dich auf deinem Gegner befindest.

In dieser dominanten Position hast du viele Möglichkeiten, das weitere Vorgehen zu bestimmen. Du kannst versuchen, dich durch Aufstehen zu befreien, deinen Gegner zu schlagen, einen Submission Hold auszuführen oder einen Hold-down oder Pin zu erzielen, um deinen Gegner zu erschöpfen und zu kontrollieren. In der Zwischenzeit solltest du davon ausgehen, dass der unterlegene Grappler sich mehr darauf konzentriert, wie er entkommen und seine Position verbessern kann. In diesem Fall kann er eine Umkehrung oder einen Sweep anwenden.

Das Beherrschen von Grappling-Techniken sollte eines deiner obersten Ziele sein, wenn du brasilianisches Jiu-Jitsu lernst und praktizierst, damit du deine Gegner kontrollieren und besiegen kannst. Viele Kampfsportler legen sogar Wert darauf, einige Submission-Techniken und Konter zu erlernen, um sicherzustellen, dass sie ein Bodenelement in ihr übliches, traditionelles Training integrieren können.

Am besten ist es, wenn du deine Kenntnisse und Fähigkeiten im Grappling unter der Aufsicht eines Kampfsportlehrers trainierst und verfeinerst. So kannst du Verletzungen vermeiden und sicherstellen, dass du die richtigen Techniken lernst und beherrschst.

Grappling-Klassifikationen

Grappling ist ein effektives Mittel, um deine Ausdauer und Kraft zu verbessern und zu verhindern, dass du von deinem Angreifer schikaniert wirst. Es werden verschiedene Muskelgruppen eingesetzt und ihre Effizienz maximiert. Neben dem Muskelaufbau bieten Grappling-Techniken auch Vorteile für das Herz-Kreislauf-System und fördern gleichzeitig deine mentale Konzentration. Dies sind alles wichtige Fähigkeiten, die für ein intensives körperliches Training im brasilianischen Jiu-Jitsu erforderlich sind.

Das Gute am Grappling ist, dass man es auch zur Selbstverteidigung einsetzen kann. Wenn du Grappling-Techniken beherrschst, kannst du eine oder zwei davon anwenden, um dich erfolgreich vor Angreifern zu schützen. Es gibt unendlich viele Möglichkeiten und Variationen beim Grappling, um einen Takedown zu erreichen und deinen Gegner zu ergreifen und zu kontrollieren. Beachte auch die folgenden Klassifizierungen im brasilianischen Jiu-Jitsu:

- **Clinching** – Bei dieser Grappling-Klassifikation sind beide Kämpfer auf den Beinen und verwenden eine Vielzahl von Clinch-Griffen, die auf den Oberkörper des Gegners gerichtet sind. Clinchen wird oft als Mittel zur Vorbereitung oder Verteidigung gegen Takedowns oder Würfe eingesetzt.

- **Takedown** – Ein Takedown ist die effektive Manipulation eines Gegners, um ihn aus einer stehenden Position zu Boden zu bringen. Dein Ziel beim Takedown ist es, in eine dominante Position zu gelangen.

- **Wurf** – Bei dieser Grappling-Technik wird der Gegner angehoben oder aus dem Gleichgewicht gebracht, sodass du ihn mit Kraft zu Boden bringen kannst. Das Hauptziel von Würfen unterscheidet sich von Disziplin zu Disziplin, aber der Werfer kann eine kontrollierende Position einnehmen, einen Takedown erzielen oder den Kontrahenten stehen lassen.

- **Submission Holds** – Es gibt zwei Arten von Submission Holds: Den Choke, bei dem du deinen Gegner möglicherweise würgen oder ihm die Luft abdrücken musst, und den Lock, bei dem du ein Gelenk oder ein anderes Körperteil blockieren musst. Wenn du einen Submission Hold ausführst und dein Gegner nicht mehr entkommen kann, rechne damit, dass er sich durch Abklopfen oder sogar durch verbale Äußerungen ergibt. Ein Kämpfer, der sich weigert oder nicht abklopft, riskiert eine schwere Verletzung oder wird bewusstlos.

- **Sprawling** – Dies ist eine defensive Grappling-Technik, die du anwenden kannst, wenn dein Gegner versucht, einen Takedown auszuführen. Verlagere deine Beine nach hinten und spreize sie dann in einer einzigen, schnellen Bewegung. Die korrekte Ausführung von Sprawling führt dazu, dass dein Gegner auf dem Rücken landet, wodurch du die vollständige Kontrolle über ihn hast.
- **Kontroll- oder Sicherungstechniken** – Eine Technik, die unter diese Klassifizierung fällt, ist ein Pin, den du ausführen kannst, indem du deinen Gegner auf dem Rücken festhältst. Der Pin zwingt deinen Gegner in eine Position, in der er nicht mehr angreifen kann.

Bei einigen Wettkampfstilen im Grappling gilt die erfolgreiche Ausführung eines Pins als sofortiger Sieg. Bei anderen Stilen gilt er als dominante Position, die dem Athleten mehrere Punkte einbringt.

Neben dem Pin gibt es noch andere Kontroll- und Sicherungstechniken, wie das Festhalten des Gegners mit dem Gesicht nach unten oder auf allen Vieren, um ihn am Angreifen oder Entkommen zu hindern. Alle diese Techniken führen bei erfolgreicher Ausführung zu einem Submission Hold.

- **Escape** – Diese Grappling-Klassifizierung wird angewendet, wenn du dich aus einer gefährlichen oder unterlegenen Position herausmanövrierst. Zum Beispiel, wenn der Grappler, der sich unter seinem Gegner befindet, zur Verteidigung seitwärts die Bewegungen kontrolliert oder erfolgreich in eine als neutral geltende, stehende Position zurückkehrt. Auch wenn der Grappler einem Submission-Versuch entkommt und in eine Position zurückkehrt, die das Risiko einer Submission reduziert.
- **Turnover** – Der Turnover wird eingesetzt, um deinen Gegner zu kontrollieren, insbesondere wenn er auf allen Vieren ist, sich auf einen Pin vorbereitet oder in eine dominante Position gerät. Mit einem Turnover kannst du wertvolle Punkte sammeln.
- **Sweep oder Reversal** – Bei dieser Grappling-Technik manövriert ein Grappler die Position unter seinem Gegner, während er sich auf dem Boden befindet. Das Ziel des Sweeps oder Reversals ist es, eine obere Position zu erreichen.

Grappling-Stile und -Techniken

Neben den bereits erwähnten Hauptklassifizierungen des Grapplings gibt es noch einige andere Stile und Techniken, die sich perfekt für das brasilianische Jiu-Jitsu eignen.

Leg Trip

Bei dieser Methode musst du dein Bein einsetzen, um deinen Gegner aus dem Gleichgewicht zu bringen und zu Boden zu werfen. Diese Technik wird weiter in zwei Varianten unterteilt - den einfachen und den doppelten Leg Trip.

Der einbeinige Takedown - Greife mit beiden Händen ein Bein deines Gegners. Das Ziel hierbei ist es, deinen Gegner zu Boden zu bringen, indem du mit deiner Schulter am unteren Teil des Beins ziehst.

Es gibt auch verschiedene Arten von einbeinigen Takedowns: den Ankle Lift, bei dem du das Bein am Knöchel anhebst, und den High Crotch, bei dem du das Bein deines Gegners im Schrittbereich hochziehst. Bei beiden Techniken kannst du das Bein diagonal oder vom Körper weg angreifen.

Der beidseitige Takedown

Greife mit beiden Armen die Beine deines Gegners. Halte deine Brust näher am Bein deines Gegners und drücke ihn zu Boden, was das ultimative Ziel des Grapplings ist.

Andere Techniken, um deinen Gegner zu Boden zu zwingen, sind das Schmettern, das Ziehen an den Beinen und das Vorwärtsdrücken mit den Schultern.

Ankle Pinch Takedown

Diese Technik ist vielleicht eine der besten Techniken, die das brasilianische Jiu-Jitsu zu bieten hat. Drücke den Kopf deines Gegners in Richtung eines Knies. Dein Ziel ist es, das Bein deines Gegners zu immobilisieren. Schließe den Takedown mit einem Knöchelgriff ab, indem du nach innen trittst und den Zielfuß blockierst, bevor du den Knöchel greifst. Hebe dann den Fuß deines Gegners an, sodass er fällt.

Triangle Choke

Dies ist ein ikonischer und beliebter Submission Hold im brasilianischen Jiu-Jitsu. Viele Kämpfer wenden den Triangle Choke aus der Guard an. Es handelt sich jedoch um eine sehr vielseitige Technik, die auf viele Arten ausgeführt werden kann.

Benutze deine Beine, um den Hals und einen Arm deines Gegners zu umschließen.

Der Druck deines Oberschenkels auf den Hals deines Gegners unterbricht die Blutzufuhr. Diese Technik ist sehr effektiv, da der Gegner höchstwahrscheinlich aufgeben wird, was bedeutet, dass er seine Niederlage akzeptiert.

Rear Naked Choke

Dies ist eine weitere beliebte Technik für Submission Holds, die von Grapplern im brasilianischen Jiu-Jitsu verwendet wird. Übe Druck auf die Durchblutung des Kopfes deines Gegners aus, was ihm Unbehagen bereitet und ihn anfällig für Bewusstlosigkeit macht, es sei denn, er gibt auf.

Diese Technik folgt in der Regel auch einem Back Mount, bei dem du deinen Arm um den Hals deines Gegners legen musst. Greife mit deinem anderen Arm nach dem Bizeps deines Gegners oder halte ihn fest. Übe mit der Kraft und Stärke deines Bizeps Druck auf den vorgesehenen Bereich aus.

Übe mit deiner freien Hand Druck auf den Hinterkopf deines Gegners aus, um die Würgetechnik zu intensivieren.

Guard

Fange deinen Gegner zwischen deinen Beinen ein. Du kannst diese Position mit deinen Knöcheln öffnen oder verriegeln. Die Deckung ist so konzipiert, dass sie deinen Gegner dazu zwingt, seine Körperhaltung zu ändern, wodurch er ermüdet. Du kannst die Deckung auch als eine Verteidigungsstrategie betrachten, wobei Schläge erforderlich sind.

Closed Guard

Closed Guard ist ein entscheidendes Konzept beim Grappling mit vielen Variationen. Du kannst davon ausgehen, dass Closed Guard eine der ersten Guard-Techniken ist, die du als Weißgurt oder Anfänger im brasilianischen Jiu-Jitsu lernst.

Schließe deinen Gegner zwischen deinen Beinen ein, indem du deine Füße hinter seinem Rücken kreuzt. Ein wesentlicher Vorteil des Closed Guard ist, dass du gleichzeitig die Möglichkeit zur Submission oder zum Sweep hast.

Beachte, dass es bei den Schutzstellungen keine überlegene Technik gibt, da sie von der Situation abhängt. Neben dem Closed Guard gibt es noch den Half Guard, den X Guard, den Butterfly und den Open

Guard.

Technischer Mount

Der Mount ist eine weitere kraftvolle Position für diejenigen, die das Beste aus dem Grappling herausholen wollen. Es ist jedoch wichtig, alles über diese Bewegung und Position zu verstehen, damit du sie optimal nutzen kannst.

Auch wenn einige sie für überbewertet halten, handelt es sich um eine äußerst wichtige Bewegung, die du einsetzen kannst, sobald du fortgeschrittenere Stufen des brasilianischen Jiu-Jitsus erreichst. Es handelt sich um eine nützliche Kontertechnik, die es dir ermöglicht, eine gute und optimale Position für einen Angriff beizubehalten.

Warum Stretching und Beweglichkeit so wichtig sind

Unbestreitbar ist brasilianisches Jiu-Jitsu ein Sport, der körperlich und geistig anspruchsvoll ist. Allein das Grappling umfasst viele Techniken, Variationen und Positionen, die von dir unkonventionelle Bewegungen verschiedener Körperteile verlangen. Aus diesem Grund musst du mehr über Stretching und Flexibilität lernen, da beide eine entscheidende Rolle bei der Verbesserung deiner Grappling-Technik spielen.

Dehnübungen und Flexibilität helfen dir, gesund zu bleiben und dich beim weiteren Training vor Verletzungen zu schützen. Darüber hinaus sorgt das Dehnen in deinem Training langfristig für ein ausgewogenes Programm.

Je nach deiner Taktik und deinem Grappling-Stil ist deine Flexibilität höher oder niedriger als die deines Gegners. Je besser du deine Flexibilität einschätzen kannst, desto eher kannst du deinen Gegner kontrollieren und zur Aufgabe zwingen.

Um im brasilianischen Jiu-Jitsu erfolgreich zu sein, musst du mit den verschiedenen Dehnungstechniken vertraut sein. Diese Techniken verbessern deine Flexibilität und führen zu einer besseren Leistung.

Aktives Stretching

Aktive Dehnübungen sind Übungen, die aktive Bewegungen der Gelenke ermöglichen. Sie sind ideal als Teil der Aufwärmübungen vor dem Training oder vor dem Konditionstraining. Aktives Dehnen kann auch als Teil einer unabhängigen Mobilitätsroutine eingesetzt werden, die unabhängig vom sonstigen Training durchgeführt wird, z. B.

morgens nach dem Ruhetag oder direkt nach dem Aufwachen.

Einige Aufwärmübungen, die speziell für das brasilianische Jiu-Jitsu entwickelt wurden, wie Shrimping und Bridging, können als aktives Dehnen eingestuft werden, vorausgesetzt, du übst sie aus, während du bewusst Anstrengung aufbringst, um den gesamten Bewegungsumfang auszuführen.

Passives Stretching

Dehnübungen und -techniken gelten als passiv, wenn sie Bewegungen der Gelenke bis zu ihrer Flexibilitätstoleranz beinhalten. Halte die spezifische Position mindestens 20 Sekunden lang, wenn du leichten Schmerz verspürst. Dazu gehört auch externe Unterstützung, wie ein BJJ-Gurt, um deine Oberschenkelmuskulatur zu dehnen.

Genau wie die aktiven Dehnübungen kannst du auch die passiven Dehnübungen am Ende der Mobilitätsroutinen selbstständig durchführen. Führe die passiven Dehnübungen nach deinem Training durch, vorzugsweise innerhalb von fünf bis zehn Minuten nach der Trainingseinheit, da du dann auch eine erhöhte Körpertemperatur hast.

Passives Stretching nach dem Training verbessert auch deine Beweglichkeit und deinen Bewegungsumfang, vorausgesetzt, es wird regelmäßig durchgeführt.

Welche Muskelgruppen und Gelenke solltest du regelmäßig dehnen?

Da du nun mit dem Dehnen und seiner Bedeutung für die Steigerung deiner Flexibilität vertraut bist, ist es wichtig zu wissen, welche spezifischen Muskelgruppen und Gelenke du dehnen solltest, um deine Leistung zu verbessern. Regelmäßiges Dehnen der richtigen Muskelgruppen und Gelenke verbessert deine Kraft, wodurch du beim Grappling noch effektiver werden kannst.

Fußgelenke

Um brasilianisches Jiu-Jitsu zu meistern, musst du die Beweglichkeit und Flexibilität deiner Knöchel verbessern, um Techniken korrekt auszuführen und Verletzungen während des Trainings und bei Wettkämpfen zu vermeiden. Beachte, dass verspannte Wadenmuskeln auch zu steifen Knöcheln führen und die Beugung des Fußes einschränken können.

Bei der Ausführung starker Butterfly-Hooks ist eine Spannung in den Füßen nach hinten erforderlich, und dies ist ein Beweis dafür, dass du die Beweglichkeit deiner Knöchel durch kontrollierte Rotationen verbessern musst. Wenn sich deine Wadenmuskeln verspannen, solltest du statische Waden-Dehnübungen machen.

Hüfte

Für Kämpfer im brasilianischen Jiu-Jitsu ist es unerlässlich, die Beweglichkeit der Hüfte zu verbessern (um Verletzungen vorzubeugen), was ihnen auch dabei hilft, herausragende Leistungen zu erbringen. Externe Hüftrotationen helfen dir dabei, eine starke offensive und defensive Deckung zu entwickeln.

Eine gute Hüftstreckung ist auch immer dann hilfreich, wenn du aus einer schlechten Position entkommen, Bridging anwenden, die Submission abschließen oder die Guard überwinden musst. Führe passive und aktive Dehnübungen durch, die auf Gesäßmuskeln, hintere Oberschenkelmuskeln, Hüftrotatoren und Quadrizeps abzielen, um die Beweglichkeit der Hüfte zu verbessern.

Oberer Rücken

Der obere Rücken muss sehr flexibel sein, um Verletzungen der Wirbelsäule und des oberen Rückens zu vermeiden. Wenn du verspannte Schultern, Rücken- und Brustmuskeln hast, ist dein oberer Rücken wahrscheinlich nicht beweglich genug. Beim brasilianischen Jiu-Jitsu sind viele runde Verteidigungshaltungen erforderlich, und eine geringe Flexibilität führt zu einem steifen oberen Rücken.

Schultern

Verbessere die Beweglichkeit deiner Schultern durch geeignete Dehnübungen, die auf die Muskeln in diesem Bereich abzielen. Durch eine verbesserte Schulterbeweglichkeit kannst du die häufigsten Schulterverletzungen verhindern, mit denen viele Grappler zu kämpfen haben. Ähnlich wie die defensive und abgerundete Körperhaltung, die eine Steifheit der Halswirbelsäule auslöst, führt eine solche Haltung auch zu Unbeweglichkeit oder Inflexibilität der Schultern.

Wann und wie oft sollte man sich dehnen?

Wenn du Grappling meistern willst, solltest du nie vernachlässigen, wie wichtig es ist, sich regelmäßig zu dehnen. Abgesehen von den genannten Muskelgruppen und Gelenken solltest du auch deinen Nacken und deine Handgelenke regelmäßig dehnen, um deine

Beweglichkeit zu verbessern. Es ist ratsam, sich so oft wie möglich zu dehnen, und es ist noch wichtiger, wenn du Probleme mit der Beweglichkeit hast. Mache deine gewählten aktiven Dehnübungen täglich als Teil deiner Morgenroutine.

Konzentriere dich auf passive Übungen nach dem Training oder vor dem Schlafengehen. Füge ein paar passive Dehnübungen zu den aktiven hinzu, aber vermeide passives Dehnen vor schweren körperlichen Aktivitäten. Es wird dringend empfohlen, vor dem Kraft- und Konditionstraining zu dehnen.

Du wirst eine deutliche Verbesserung deiner Beweglichkeit, Flexibilität und Kraft feststellen, wenn du diese empfohlenen Dehnübungen machst. Letztendlich wirst du verschiedene Grappling-Techniken ohne Probleme ausführen können und dich als vielversprechender zukünftiger dominanter Kämpfer im brasilianischen Jiu-Jitsu erweisen.

Kapitel 4: Das Gesetz von Aktion und Reaktion

Von außen betrachtet könnte man beim brasilianischen Jiu-Jitsu den Eindruck gewinnen, dass es bei diesem Sport ausschließlich um komplizierte Würgegriffe und Grappling geht. Als Weißgurt oder Anfänger mit nur wenigen Trainingstagen magst du das brasilianische Jiu-Jitsu vielleicht genauso sehen.

Du wirst feststellen, dass die meisten Bewegungen und Techniken viele Schritte erfordern. Man hat das Gefühl, dass es nur nach vielen Jahren des Übens möglich ist, sie effektiv zu beherrschen und anzuwenden.

Mit zunehmender Erfahrung wirst du jedoch ein tiefes Verständnis für das hohe Maß an Geschicklichkeit, Wissen und Hingabe entwickeln, das erforderlich ist, um zu einem großartigen Kämpfer im brasilianischen Jiu-Jitsu zu werden.

Auch wenn du anfangs Schwierigkeiten hast, versuche, alles zu begreifen, was dir im Unterricht beigebracht wird. Irgendwann wirst du feststellen, dass du einen Vorteil gegenüber anderen hast, wenn du die Grundprinzipien und Disziplinen des brasilianischen Jiu-Jitsus verinnerlichst und verstehst.

Die Bedeutung des prinzipienbasierten Lernansatzes beim brasilianischen Jiu-Jitsu

Das brasilianische Jiu-Jitsu beruht, wie andere Kampfsportarten auch, auf seinen Kerndisziplinen und -prinzipien. Es geht nicht darum, jeden Schritt, jede Technik oder jede Bewegung zu beherrschen; es geht darum, seine Prinzipien zu verstehen und sie auf der Grundlage verschiedener Szenarien und Gegner zu modifizieren.

Obwohl du die Prinzipien, Theorien und Disziplinen des brasilianischen Jiu-Jitsus weiterhin anerkennst, kannst du ein paar persönliche Akzente setzen, um dein eigenes künstlerisches Niveau zu demonstrieren. Man kann mit Sicherheit sagen, dass sich der prinzipienbasierte Ansatz zur Beherrschung des brasilianischen Jiu-Jitsus stark vom gedächtnisbasierten Ansatz unterscheidet.

Denke daran, dass das Auswendiglernen jeder Bewegung zwar wichtig ist, um die Grundlagen des brasilianischen Jiu-Jitsus zu erlernen, aber auch hinderlich sein kann. Der Grund dafür ist, dass das Auswendiglernen bestimmter Bewegungen auch darauf hinweisen kann, dass dir das Verständnis für die Kernprinzipien fehlt.

Dies kann sich als nachteilig erweisen, insbesondere wenn dich eine unbekannte Bewegung deines Gegners unvorbereitet trifft. Um dies zu vermeiden, müssen Anfänger (Weißgurte) mit verschiedenen Partnern trainieren, da dies dabei hilft, sich verschiedene Kampfszenarien vorzustellen.

Es ist eine fantastische Gelegenheit, die im Unterricht erlernten Bewegungen in der Praxis anzuwenden. Außerdem hilft es dir, die zugrundeliegenden Theorien zu verstehen, die die Bewegungen effektiv machen.

Grundprinzipien und Disziplinen des brasilianischen Jiu-Jitsus und anderer Kampfsportarten

Wie bereits erwähnt, ist das brasilianische Jiu-Jitsu eine Kampfkunst, die sich auf Grappling konzentriert und Hebelprinzipien nutzt. Der Fokus des brasilianischen Jiu-Jitsus liegt immer auf Positionskontrolle, Takedowns, Submissions und Grappling, und dies ist ein effektives

Mittel, um jede Art von Fitness zu verbessern, wie Beweglichkeit, Mobilität und Muskelkraft.

Mental kann man brasilianisches Jiu-Jitsu mit einem Schachspiel vergleichen, da taktisches Denken die richtige Strategie ist und zum Erfolg beiträgt. Wenn du in der Trainingshalle oder in deinem Kurs bist, ist es wichtig zu zeigen, dass du die grundlegenden Prinzipien und Disziplinen des brasilianischen Jiu-Jitsus sicher beherrschst. Einige der wesentlichen Prinzipien und Disziplinen des brasilianischen Jiu-Jitsus und anderer Kampfsportarten werden in diesem Abschnitt behandelt.

Zen-Phase

Die Zen-Phase ist ein entscheidendes Prinzip, das es Kämpfern ermöglicht, brasilianisches Jiu-Jitsu zu erlernen und zu verstehen. Die Prinzipien betonen die Bedeutung der Ausführung. Beachte, dass die mehrmalige Wiederholung einer Jiu-Jitsu-Technik über viele Jahre hinweg dazu führen kann, dass du sie ausführst, ohne darüber nachzudenken.

Es ist sogar möglich, dass dein Muskelgedächtnis die Techniken des brasilianischen Jiu-Jitsus wie ein Autopilot ausführt, ähnlich wie sich Gewohnheiten bilden. Daher musst du die Ausführung korrekt wiederholen, um in den Genuss der vielfältigen Vorteile zu kommen, einschließlich, aber nicht beschränkt auf die hier aufgeführten.

- **Perfektioniere die Technik** – Dies bildet eine solide Grundlage für alle Bewegungen, egal wie unterschiedlich sie sind. Darüber hinaus schaffst du dir eine solide Basis, um deine Kraft, die allgemeine Qualität der Ausführung und die Bewegungsabläufe zu verbessern.

- **Bringt deinen Geist in einen Zustand der Leere** – dies ist für eine effektivere Ausführung deiner Bewegungen und Techniken erforderlich.

- **Wird zur Gewohnheit** – Wenn du eine Technik des brasilianischen Jiu-Jitsus wiederholt und korrekt übst, wird sie zur Gewohnheit. Menschen sind Gewohnheitstiere, daher macht das, was du wiederholt tust, dich aus. Wenn du also deine Gewohnheiten verbesserst, kannst du davon ausgehen, dass sich deine Leistung im Wettkampf verbessert.

Allerdings musst du besonders vorsichtig sein, wenn du eine bestimmte Technik falsch wiederholst, da zu häufiges Wiederholen zu falschen und unerwünschten Gewohnheiten führt. Arbeite mit einem guten Trainer zusammen, der in der Lage ist, deine Fehler aufzuzeigen und dich bei der Entwicklung guter und gesunder Gewohnheiten anzuleiten.

Balance

In der Welt der Kampfkünste, insbesondere im brasilianischen Jiu-Jitsu, ist das Prinzip des Gleichgewichts ein Kernkonzept - nicht zu wenig und nicht zu viel. Dieses spezifische Prinzip ist sowohl im Kampfsporttraining als auch in Bezug auf verschiedene Aspekte deines Alltags, deines Körpers und deiner Emotionen nützlich.

Für Kämpfer im brasilianischen Jiu-Jitsu - und alle anderen Kampfsportler - bedeutet Balance, dass Bewegungen weder zu langsam noch zu schnell sind, d. h. man sollte weder zu zögerlich noch zu aggressiv sein und weder zu tief noch zu hoch, weder zu weit rechts noch zu weit links agieren. Es ist unerlässlich, das Prinzip der Balance zu üben, um das eigene Timing und Tempo zu kontrollieren. Wenn du im brasilianischen Jiu-Jitsu und in anderen Kampfsportarten erfolgreich sein willst, musst du lernen, dich auf deine Balance zu verlassen.

Gleichgewicht hilft auch dabei, deine Gedanken während des Trainings zu filtern. Wenn du das Prinzip des Gleichgewichts vollständig verstanden hast, akzeptierst du, dass deine Trainingstage nicht immer gut sein werden und dass du schlechte Tage erleben wirst. Lass dich also nicht zu sehr von deinen unrealistischen Erwartungen frustrieren oder verunsichern, denn nicht jeder Trainingstag wird gut sein.

Die Entwicklung dieses Prinzips ist auch der Schlüssel, um deinen Geist davon zu befreien, vom Ergebnis einer bestimmten Trainingseinheit abhängig zu sein. Konzentriere dich stattdessen auf den praktischen Prozess des Trainings und erkenne, dass es auch wichtig ist, ein Gleichgewicht zu erreichen, indem du sowohl gute als auch schlechte Tage akzeptierst.

Du kannst deine Trainingseinheit so gestalten, dass sie deinen Körper, deine Emotionen und deinen Geist in Einklang bringt und so zu einer hervorragenden körperlichen Leistung beiträgt.

Natürliche Ordnung

Um ein erfolgreicher Kämpfer im brasilianischen Jiu-Jitsu zu werden, musst du die Prinzipien der natürlichen Ordnung vollständig verstehen. Bei diesem spezifischen Prozess geht es darum, die progressiven und kontinuierlichen Veränderungen und Entwicklungen zu verstehen, also bereite dich darauf vor, anstatt ihnen auszuweichen.

Fortschritte im brasilianischen Jiu-Jitsu und in anderen Kampfsportarten sind immer eine Frage von Konzentration und Zeit. Es erfordert nur minimale Zeit, um ähnliche Fortschritte zu erzielen, wenn du dich auf die Intensität konzentrierst, aber du musst trotzdem das Gleichgewicht halten. Wenn du dich zu intensiv und über einen längeren Zeitraum zum Training zwingst, führt dies nur zu Übertraining oder Burnout. Unter Umständen ist dein Körper nicht in der Lage, sich richtig von Stress zu erholen.

Allerdings kann es auch passieren, dass du deine Ziele nicht erreichst, wenn du nicht ausreichend trainierst und keine Leidenschaft für diese Kampfkunstform aufbringst. Es ist also wichtig, das Gleichgewicht zu halten und sich an seine natürliche Ordnung zu halten.

Ein Zeichen dafür, dass du die richtige Balance in deiner Grundhaltung gegenüber dem Training des brasilianischen Jiu-Jitsus erreicht hast, ist, wenn du wirklich Freude an dem Prozess hast. Du bist dir auch bewusst, dass deine Leistungen im brasilianischen Jiu-Jitsu und in den Kampfkünsten im Vergleich zum Kosmos und dem allgemeinen Weltgefüge nicht so wichtig sind.

Aktion und Reaktion

Der wichtigste Aspekt der vielen Prinzipien und Disziplinen, die jede Kampfkunstform regeln, ist das Prinzip von Aktion und Reaktion. Mit anderen Worten: Erwarte für jede Aktion eine Reaktion.

Beim brasilianischen Jiu-Jitsu sind minimale Anstrengungen erforderlich, um maximale Ergebnisse zu erzielen. Das Prinzip von Aktion und Reaktion ist also der beste Weg, um in diesem Sport erfolgreich zu sein.

Als Anfänger, der gerade erst mit dem brasilianischen Jiu-Jitsu beginnt, besteht die Möglichkeit, dass du dich häufig auf das Reagieren konzentrierst. Du verteidigst Submissions oder versuchst, das Gleichgewicht zu halten, und bist immer in der Defensive. Das ist in Ordnung, da du noch Anfänger bist und die Grundlagen des Sports erlernst.

Sobald du jedoch anfängst, instinktiv zu verteidigen, wird sich einiges ändern. Eine wesentliche Änderung besteht darin, dass du weniger Gehirnleistung für die Verteidigung und mehr für deine Absicht aufwenden musst. Wenn ein Angreifer beispielsweise auf der Hut ist, während du dich für den Kimura in Position bringst, fragst du dich vielleicht, was in seinem Kopf vorgeht.

Denk daran, dass dein Angreifer in diesem Moment nicht denkt – er reagiert. Er denkt nicht an diesen Moment, er ergreift defensive/offensive Maßnahmen.

Überlege dir nun, was passieren wird, wenn du nur ein wenig länger wartest, um ihre Bewegungen zu beobachten. Das beste Szenario wäre, dass sie an deiner Deckung vorbeikommen. Der Schlüssel, um einen guten Kämpfer zur Aufgabe zu zwingen, besteht darin, ihn von einem Moment des Nachdenkens abzuhalten.

Bedeutung des Prinzips von Aktion und Reaktion

Das Prinzip von Aktion und Reaktion ist für Kämpfer im brasilianischen Jiu-Jitsu und andere Kampfsportler immer von entscheidender Bedeutung, da du dieses Prinzip nutzen kannst, um die meisten deiner Takedowns und Würfe vorzubereiten.

Einen Gegner zu kontrollieren, der noch steht, kann schwieriger sein als der Kampf am Boden. Der Grund dafür ist, dass dein Gegner sich frei bewegen, sofort reagieren und entkommen kann, wenn er steht.

Um die Bedeutung des Prinzips von Aktion und Reaktion zu verstehen, stelle dir deinen Gegner vor, der gerade eine Bewegung gegen dich ausführt – das ist eine Aktion. Die entsprechende Reaktion ist, wenn du schnell denkst und handelst, basierend auf dieser Bewegung, vergleichbar mit einem Gegenangriff.

Wenn du dir außerdem der möglichen Verteidigungsreaktionen deines Gegners bewusst bist, kannst du angemessen angreifen. Wenn du die beste Verteidigungsreaktion deines Gegners kennst, hast du die Möglichkeit, dich mit Wissen und Informationen auszustatten, um mehr Einfluss oder Kontrolle zu erlangen. Mit dem Prinzip von Aktion und Reaktion besteht deine Strategie darin, eine Reaktion deines Gegners zu erzwingen, diese auszunutzen und sofort zu reagieren, um seine Energie zu nutzen und deinen Bewegungen mehr Kraft und Einfluss zu verleihen.

Wann sollte man agieren und wann reagieren?

Wenn du dir darüber im Klaren bist, dass jeder Angriff eine Reaktion hervorrufen kann, wirst du auch deine Angriffe geschickt einsetzen. Du kannst beispielsweise einen Angriff vortäuschen, um deine wahre Absicht zu verschleiern, und die Reaktion deines Gegners als

Gelegenheit für deine Angriffstechnik nutzen.

Du musst sehr aufmerksam sein, um die Hinweise zu erkennen, die es dir ermöglichen, angemessen zu handeln und zu reagieren. Wende dieses Prinzip immer an, auch wenn du nicht mehr im Unterricht bist. Du kannst deinen Gürtel verlieren oder sogar wegen Körperverletzung verhaftet werden, wenn du jemandem mit Bewegungen und Techniken des brasilianischen Jiu-Jitsu Schaden zufügst, unabhängig davon, ob du provoziert wurdest oder nicht. Daher ist es entscheidend, die Handlungen und Reaktionen einer Person vorherzusehen.

Im Unterricht wirst du feststellen, dass die Fähigkeiten, die mit dem richtigen Handeln und Reagieren verbunden sind, auf die Übung zurückzuführen sind. Je mehr Training du absolvierst, desto schneller wirst du die geübten Techniken ausführen und dein Muskelgedächtnis wird sich entwickeln.

Wenn du im Wettkampf deinen Gegner angreifst, rechne damit, dass er mit ähnlicher oder höherer Intensität zurückschlägt, was das Prinzip von Aktion und Reaktion erfordert. Ebenso verhält es sich beim Ziehen: Wenn du deinen Gegner nach vorne ziehen willst, musst du ihn zuerst nach hinten stoßen.

Sobald dein Gegner reagiert, indem er dich stößt, ziehe ihn. Du nutzt seine Energie und verbrauchst nur minimale Energie, wenn du deinen Gegner nach vorne ziehst. Du wirst dies auch tun, wenn du die Kunst der Umkehrung (mehr zu diesem Thema später) in deinen Kämpfen anwendest.

Das Prinzip von Aktion und Reaktion nutzen

Es gibt mehrere Möglichkeiten, dieses Prinzip anzuwenden, insbesondere wenn du vorhast, deinen Gegner in eine andere Position zu führen als die, die er geplant hat. Willst du ihn nach links stoßen? Dann ist es eine kluge Entscheidung, ihn dazu zu bringen, sich zuerst nach rechts zu bewegen, da dies das Gleichgewicht deines Gegners beeinträchtigt. Entscheide dann über deine nächste Bewegung, basierend auf dem, was passiert.

Eine andere Möglichkeit, das Prinzip von Aktion und Reaktion zu betrachten, ist als Köder und Falle, d. h. du lockst deinen Gegner an, damit er so reagiert oder antwortet, wie du es beabsichtigt hast. Es ist hilfreich, schnell auf die Bewegungen deines Gegners zu reagieren, damit du das Beste aus diesem Prinzip machen kannst.

Zum Beispiel, wenn dein Gegner seinen Körper mit einer bestimmten Geschwindigkeit nach vorne bewegt, erhöhe deine Geschwindigkeit weiter, indem du ihn in eine ähnliche Richtung ziehst. Dies kann dazu führen, dass dein Gegner das Gleichgewicht verliert, was du zu deinem Vorteil nutzen kannst.

Je tiefer du in das brasilianische Jiu-Jitsu eintauchst und je mehr Erfahrung du sammelst, desto mehr wirst du feststellen, dass eine einzelne Bewegung oder ein einzelner Angriff nicht so effektiv ist, wenn er gegen erfahrenere und geschicktere Kämpfer eingesetzt wird. Du musst verschiedene Techniken kombinieren, um die besten Ergebnisse zu erzielen, wenn du das Prinzip von Aktion und Reaktion anwendest.

Am besten wendest du dieses Prinzip an, indem du analysierst, was schiefgelaufen ist, nachdem eine Technik versagt hat. Analysiere und überlege dir, wie deine Gegner reagiert haben, und erstelle einen Plan B, auf den du dich bei deinem nächsten Kampf freuen kannst, insbesondere wenn du das Gefühl hast, dass deine Gegner eine Verteidigung gegen deinen Plan A vorbereiten werden.

Kapitel 5: Verteidigung gegen Angriffe: Die Kunst der Umkehrung

Ein Grund, warum sich viele Menschen für brasilianisches Jiu-Jitsu interessieren, ist, dass es eine hervorragende Form der Selbstverteidigung ist. Das Wissen über diese Form der Kampfkunst ist der Schlüssel für jemanden, um sich gegen einen Angriff zu verteidigen. Abgesehen vom Prinzip von Aktion und Reaktion hilft dir brasilianisches Jiu-Jitsu auch dabei, dein Wissen über die Kunst der Verteidigung und Umkehrung zu erweitern.

Das Prinzip von Aktion und Reaktion hat eine starke Verbindung zur Kunst der Selbstverteidigung und Umkehrung, die auch ein wichtiger Bestandteil des brasilianischen Jiu-Jitsus ist, denn du musst das Prinzip von Aktion und Reaktion befolgen, um eine starke Verteidigung gegen einen Angriff aufbauen zu können. Deine Verteidigung basiert auf dem Angriff deines Gegners.

Was ist ein Reversal?

Beim brasilianischen Jiu-Jitsu spricht man von einem Reversal, wenn es einem Kämpfer in einer nachteiligen Position oder am Boden gelingt, seine Position umzukehren. Durch die erfolgreiche Umkehrung gelangt der Kämpfer in eine vorteilhafte oder obere Position. Dies ist eine großartige Fähigkeit, die Kämpfer im brasilianischen Jiu-Jitsu beherrschen müssen, da es ihnen die Möglichkeit gibt, bei jedem Positionswechsel einige Schritte zu überspringen, wenn sie die Umkehrung einleiten.

Eine typische Umkehrung resultiert in einer Bewegung des Kämpfers durch neutrale bis gute Positionen, nachdem er sich in einer schlechten Position befand. Je nach gewählter Umkehrtechnik kann man direkt in eine gute Position gelangen. Die Kunst der Umkehrung ist der Schlüssel, um sich vor einem Angriff zu schützen.

Brasilianisches Jiu-Jitsu und Selbstverteidigung

Selbstverteidigung ist ein wichtiger Bestandteil des brasilianischen Jiu-Jitsus. Es basiert auf dem ursprünglichen japanischen Jiu-Jitsu, als die Samurai um ihr Überleben kämpften, und ist auch heute noch ein praktisches Kampfsystem. Alle Bewegungen, die im brasilianischen Jiu-Jitsu gelehrt werden, sind effektive Selbstverteidigungsbewegungen, und einige dieser Techniken sind speziell für diesen Zweck konzipiert.

Daher ist es nicht überraschend, dass die meisten Schulen für brasilianisches Jiu-Jitsu weltweit der Selbstverteidigung besondere Aufmerksamkeit und Priorität widmen. Im modernen Jiu-Jitsu zur Selbstverteidigung sind Schläge nicht Teil des Systems. Dennoch ist es unerlässlich, die Grundlagen der Bewegung, des Blockens und ihrer Anwendung zu erlernen.

Es ist nicht so wichtig, komplexe Sprungangriffe und Drehkicks zu lernen und zu beherrschen. Stattdessen ist es besser, sich einfachere Ziele zu setzen, wie z. B. dem Angreifer oder Gegner nahe zu kommen, um ihn zur Submission zu zwingen oder ihn zu Boden zu bringen.

Außerdem solltest du bedenken, dass etwa 90 Prozent der Auseinandersetzungen oder Kämpfe damit enden, dass die Kämpfer zu Boden gehen. Menschen ohne Kenntnisse im brasilianischen Jiu-Jitsu sind unsicher, was sie tun sollen, wenn sie zu Boden gebracht werden. Durch deine Kenntnisse im brasilianischen Jiu-Jitsu, insbesondere im Grappling, kannst du das ändern und deine besten Techniken einsetzen.

Mit deinem Training weißt du genau, wie du dich verteidigen und in Sicherheit bringen kannst, egal ob du dich in der oberen, hinteren oder unteren Position befindest. Die Selbstverteidigung, die du im brasilianischen Jiu-Jitsu lernst, wird dich darin schulen, Dominanz aufzubauen, selbst wenn du in eine schlechte Position gebracht wirst.

Sobald du dich selbst schützen und eine dominante Position einnehmen kannst, bietet dir das brasilianische Jiu-Jitsu eine Möglichkeit, die andere Kampfsportarten nicht bieten – die Situation zu lösen, ohne deinem Gegner Schaden zuzufügen oder ihn zu verletzen. Die Selbstverteidigung im brasilianischen Jiu-Jitsu und verschiedene andere Techniken helfen dir, jemanden festzuhalten und gleichzeitig die Situation zu deeskalieren.

Andererseits ist es dir auch erlaubt, eine Submission-Technik anzuwenden, die darauf ausgelegt ist, deinen Angreifer oder Gegner zu verletzen, wenn nötig. Wenn du möchtest, kannst du auch Schläge ausführen. Insgesamt wirst du keine andere Kampfkunst finden, die sich so gut zur Selbstverteidigung eignet wie das brasilianische Jiu-Jitsu, insbesondere bei Zweikämpfen oder Auseinandersetzungen.

Warum eignet sich brasilianisches Jiu-Jitsu perfekt für die Selbstverteidigung?

Erinnere dich immer wieder daran, dass die beste Waffe zur Selbstverteidigung deine Fähigkeit ist, Konfrontationen aus dem Weg zu gehen. Wenn möglich, solltest du aus der Situation fliehen. Wenn die Situation jedoch so weit eskaliert, dass es zu Handgreiflichkeiten kommt, solltest du dein Training nutzen, um Probleme zu vermeiden.

Was sind die spezifischen Gründe, warum brasilianisches Jiu-Jitsu gut für die Selbstverteidigung ist?

Es verbessert dein Wohlbefinden im Kampf

Wenn du schon einmal erlebt hast, dass jemand versucht hat, dich zu würgen, bis du bewusstlos wirst, weißt du wahrscheinlich, wie unangenehm das ist. Durch dein Training wirst du lernen, dich mit dem Unbehagen und manchmal auch mit den Schmerzen zu arrangieren, und du wirst automatisch mit der Situation umgehen können.

Im Gegensatz zu Kampfsportarten wie Muay Thai, bei denen nur etwa 20 Prozent des Trainings aus Sparring bestehen, macht beim brasilianischen Jiu-Jitsu das Sparring fast 100 Prozent des Trainings aus. Das Rollen im brasilianischen Jiu-Jitsu kommt einem echten Kampf sehr nahe, auch wenn dabei nicht getreten und geschlagen wird.

Wenn du dich in einer Situation befindest, in der du dich verteidigen musst, wirst du aufgrund deines Sparring-Trainings nicht von der

Körpergröße des Kämpfers schockiert oder eingeschüchtert sein. Du wirst dich auch nicht unwohl fühlen, wenn du mit jemandem kämpfst und ihn zu Boden bringst.

Da du bereits mit Grappling und Kämpfen vertraut bist, wirst du nicht die Fehler von Untrainierten oder Anfängern machen, wie z. B. dem Angreifer den Rücken zuzukehren, um dich zu schützen. Dies ist eine natürliche Reaktion auf eine gefährliche Situation, aber sie birgt ein größeres Risiko für dich, da du deinen Gegner nicht sehen und seine möglichen Angriffsmethoden nicht vorhersehen kannst.

Als jemand, der im brasilianischen Jiu-Jitsu ausgebildet ist, bist du geschickter und geübter darin, dich zu schützen und die Angriffe deines Gegners zu verstehen, sodass du leicht Maßnahmen ergreifen kannst, um sie zu vermeiden. Du wirst dich auch wohler fühlen, wenn du mit anderen kämpfst und Grappling-Techniken anwendest, was deine Chance erhöht, den Kampf zu gewinnen oder der Situation unversehrt zu entkommen.

Ideal für alle Menschen, unabhängig von ihrer Größe

Wenn du dich mit brasilianischem Jiu-Jitsu auskennst, hast du eine reelle Chance, dich gegen einen Angreifer zu verteidigen oder dich in einer Situation zu behaupten, in der du dich verteidigen musst. Das Gute an dieser Kampfkunst ist, dass sie für jeden geeignet ist, unabhängig von der Körpergröße.

Selbst wenn du klein bist, kannst du brasilianisches Jiu-Jitsu zur Selbstverteidigung einsetzen. Es gibt keine Probleme, die bei kleineren Schülern anderer Kampfsportarten auftreten, wie z. B. ihre leichteren Knochen und ihr geringeres Gewicht, die es ihnen erschweren, einem größeren Gegner Schaden zuzufügen. Mit brasilianischem Jiu-Jitsu haben auch kleinere Personen die Chance, einen größeren Gegner zu besiegen.

Außerdem solltest du bedenken, dass Personen mit kleinerem Körperbau nur begrenzte Kraft gegen ihre Angreifer oder Gegner aufbringen können. Wenn du größer bist, kannst du davon ausgehen, dass deine Treffer mehr Kraft haben, weil du zusätzliches Gewicht hast.

Das brasilianische Jiu-Jitsu ist eine unglaubliche Selbstverteidigungsmethode, da es dir beibringt, wie du größere und schwerere Personen als dich würgen und im Grappling besiegen kannst, wodurch Größenunterschiede keine Rolle mehr spielen.

Im Gegensatz zu Muay Thai, Boxen oder anderen Kampfsportarten, bei denen es auf Athletik, Kraft und Schnelligkeit ankommt, liegt der Schwerpunkt beim brasilianischen Jiu-Jitsu auf der Technik. Kleinere Kämpfer können eine Submission erzwingen, weil sie Vertrauen in ihre Selbstverteidigungstechniken gewonnen haben.

Ein perfektes Beispiel für die Effektivität des brasilianischen Jiu-Jitsus im Umgang mit größeren Gegnern ist Royce Gracie und seine Dominanz in der UFC. In seinen Kämpfen zwang er seine Gegner konsequent zur Aufgabe, unabhängig von ihrer Größe. Was die Bodenkampftechnik betrifft, ist das brasilianische Jiu-Jitsu mit keiner anderen Kampfkunst zu vergleichen.

Es hilft dir, in einem Kampf die Kontrolle zu behalten

Brasilianisches Jiu-Jitsu eignet sich auch perfekt zur Selbstverteidigung, da diese Form der Kampfkunst äußerst effektiv ist, um den Gegner zu kontrollieren. Du kannst deine Fähigkeiten einsetzen, um deinen Angreifer oder Gegner zu stoppen und gleichzeitig dafür sorgen, dass er nicht verletzt wird.

Beim Training lernst du, wie du Hebel und Griffe einsetzt, um das Gewicht deines Gegners zu kontrollieren. Einige Positionen, wie die Knie-auf-Bauch-Position, ermöglichen die Kontrolle über einen am Boden liegenden Gegner.

Du kannst auch eine Shoulder-Lock-Position anwenden, mit der du die Kontrolle über einen Angreifer erhöhen kannst, insbesondere wenn dieser noch nicht trainiert ist. Wenn du es mit einem Angreifer zu tun hast, der eine Waffe trägt, kann brasilianisches Jiu-Jitsu zwar nicht das höchste Schutzniveau garantieren, aber es ist immer noch vorteilhafter als andere Kampfsportarten wie Muay Thai.

Brasilianisches Jiu-Jitsu ist effektiver, wenn es um Situationen mit einem Messer geht, da es dir beibringt, deinen Angreifer zu kontrollieren. Positionen wie die Omoplata oder der Shoulder Lock ermöglichen es dir, die Hand deines Gegners genau zu beobachten, was dir einen Vorteil gegenüber dem Gegner verschafft.

Du bist im Vorteil, da du genau sehen kannst, was der andere als Nächstes tun wird. So hast du beispielsweise genügend Zeit, um zu reagieren und den Angriff zu stoppen, wenn der andere nach der Waffe oder dem Messer greift.

Selbstverteidigungstechniken im brasilianischen Jiu-Jitsu

Wenn du brasilianisches Jiu-Jitsu zur Selbstverteidigung einsetzt, solltest du daran denken, dass Schläge allein nicht anwendbar sind, und es notwendig sein kann, Schläge mit anderen Taktiken des brasilianischen Jiu-Jitsus zu kombinieren, um effektiv zu sein. Die meisten Schulen empfehlen jedoch, das Training ohne Schläge zu beginnen, insbesondere beim Stand-up-Grappling.

Füge Schläge erst hinzu, wenn du eine solide und stabile Basis im Grappling hast. Eine Sekunde kann einen großen Unterschied machen, besonders wenn der Kampf schnell ist. Diese Sekunde kann über Sieg oder Niederlage entscheiden, also praktiziere die Selbstverteidigung unter Verwendung deines Wissens über Angriffe.

Closed Guard

Beim brasilianischen Jiu-Jitsu gibt es verschiedene Arten von Guard, aber für die Selbstverteidigung konzentrieren wir uns auf den Closed Guard, da diese Technik derzeit von Grapplern verwendet wird. Sie bietet auch in einer Selbstverteidigungssituation mehrere Vorteile.

Die Deckung beim brasilianischen Jiu-Jitsu bezieht sich darauf, wie du deine Beine einsetzt, wenn du es mit einem Gegner zu tun hast, z. B., indem du deine Beine um deinen Gegner schlingst. Du kannst dies auf dem Rücken liegend tun und den Angreifer oder Gegner auf diese Weise von dir fernhalten.

Eine angemessene Verwendung des Closed Guard in einer Selbstverteidigungssituation ist das Blocken von Schlägen.

Armbar im Stand

Armbar im Stehen ist eine einfache, aber äußerst effektive Selbstverteidigungstaktik, die du im Training erlernen kannst. Sie ist auch eine effektive Technik für Submission im Kampf. Armbar im Stehen stammt aus dem japanischen Jiu-Jitsu.

Sie führte zur sitzenden Version des Armbar, die häufig im brasilianischen Jiu-Jitsu verwendet wird. Der Unterschied besteht darin, dass Kämpfer beim japanischen Jiu-Jitsu auf den Beinen bleiben müssen, da die Wahrscheinlichkeit größer ist, dass die Gegner oder Kämpfer eine Waffe verwenden, wie die Samurai.

Knie auf dem Bauch

Diese Technik ist unerlässlich, wenn du die Kontrolle über deinen Gegner oder Widersacher haben willst. Sie ist ideal in Situationen, in denen du die Oberhand im Kampf gewinnen kannst. In dieser Position kannst du dich mit dem Knie auf dem Bauch leicht über deinen Gegner bewegen. Ein Beispiel ist, wenn dein Gegner eine Waffe, wie ein Messer, aus seinem Stiefel oder seiner Tasche zieht, während du ihn mit dem Knie auf dem Bauch kontrollierst. Du kannst dich leichter lösen, dich wegbewegen oder ihm entkommen.

Wenn du eine andere Bewegung oder Position verwendest, wie z. B. den Mount, kann dies für deinen Gegner bedeuten, dass du aufgibst. Es kann auch deine Bewegung einschränken und es schwierig machen, sich zu lösen.

Cross-Face

Bei dieser speziellen Position musst du dich über deinen Gegner oder Widersacher begeben, um ihn zu kontrollieren. Greife mit deinem Arm hinter den Kopf deines Gegners oder Widersachers. Platziere deine Schulter seitlich an der Kieferpartie deines Gegners. Der durch diese Position ausgeübte Druck gibt dir die Kontrolle.

Die korrekte Ausführung dieser Technik und der richtig angewandte Druck deiner Schulter bewirken, dass dein Gegner wegschaut und seine Bewegungen einschränkt. Da dein Gegner von dir wegschaut, ist es für ihn schwierig, jegliche Bewegungen oder Techniken auszuführen.

Side Control Escape

Viele halten diese Technik für die Position, aus der man am schwersten entkommen kann, und es gibt sie in verschiedenen Variationen. Es wäre jedoch am besten, die grundlegenden Prinzipien und Disziplinen der Side Control zu erlernen, damit du einem Angriff entkommen kannst.

Kann man brasilianisches Jiu-Jitsu anwenden, wenn es mehrere Angreifer gibt?

Wie bereits erwähnt, funktioniert das brasilianische Jiu-Jitsu perfekt bei Zweikämpfen. Die Frage ist jedoch, ob seine Selbstverteidigungstechniken auch bei mehreren Angreifern effektiv sind. Die Antwort lautet nein. Dieses Kampfsystem ist ungeeignet für den Einsatz gegen mehrere Gegner oder auf dem Schlachtfeld.

Die Grundvoraussetzung der Selbstverteidigung besteht darin, einen Angreifer oder Gegner zu Boden zu werfen. Auch Schnelligkeit ist bei der Selbstverteidigung von entscheidender Bedeutung, und genau in diesem Bereich könnte das brasilianische Jiu-Jitsu für die Selbstverteidigung Schwächen aufweisen.

Das lässt sich jedoch leicht ändern, wenn du Zeit damit verbringst, Judo-Würfe zu lernen, anstatt Takedowns zu üben. Dein Ziel sollte es sein, Würfe zu meistern, mit denen du deinen Angreifer am Boden halten kannst, während du selbst stehst.

Wenn möglich, kombiniere dies mit den anderen Techniken und Disziplinen des brasilianischen Jiu-Jitsus, um das Beste aus Selbstverteidigung und Umkehrung zu machen.

Wo kann man brasilianisches Jiu-Jitsu zur Selbstverteidigung anwenden?

Die Wirksamkeit des brasilianischen Jiu-Jitsus als Selbstverteidigung hängt von der Umgebung oder dem Ort ab, an dem der Kampf oder die Auseinandersetzung stattfindet. Es wäre beispielsweise schwierig, das brasilianische Jiu-Jitsu bei einem Kampf in einer überfüllten Bar einzusetzen; in diesem Fall wäre es viel besser, den Gegner aus einer stehenden Position heraus zu kontrollieren.

Wenn die Auseinandersetzung auf einem offenen Platz stattfindet, z. B. auf einem Parkplatz, und der Angreifer keine Waffe hat, dann ist der Ort für die Selbstverteidigungstechniken des brasilianischen Jiu-Jitsus geeignet.

Auf offenem Gelände hast du mit Takedowns bessere Chancen, da es keine Hindernisse gibt, die dich daran hindern, deinen Angreifer oder Gegner unter Kontrolle zu bringen. Die beste Position, um deinen Angreifer unter Kontrolle zu halten und gleichzeitig deine Selbstverteidigungsfähigkeiten zu verfeinern, ist die Knie-auf-Bauch-Position.

Kapitel 6: Guard-Positionen: Warum ist es so wichtig, sie zu kennen?

Die Guard-Position im brasilianischen Jiu-Jitsu ist eine der nützlichsten und effektivsten Positionen beim Grappling am Boden. Bei dieser Position liegt der Kämpfer mit dem Rücken auf dem Boden und versucht, seinen Gegner mit den Beinen zu kontrollieren.

Die Guard-Position ist eine günstige Position, um brasilianisches Jiu-Jitsu zu meistern, da du deinen Gegner von unten mit verschiedenen Würgegriffen und Hebeln angreifen kannst. Andererseits besteht die Priorität deines Gegners, der sich oben befindet, darin, in eine bessere und dominantere Position zu gelangen. Dies ist ein Prozess, der als *Passing the Guard* bezeichnet wird.

Angesichts der erwiesenen Bedeutung und der unbestreitbaren Vorteile dieser Position ist es nicht überraschend, dass es mehrere Arten davon gibt. Welche Art verwendet wird, hängt von deinen spezifischen Griffen oder Kontrollpunkten ab. Einige Guard-Positionen sind ideal, wenn du einen Gegner in stehender Position hast, und andere Guard-Positionen funktionieren gut, wenn der Gegner kniet.

Wenn du dich mit den Guard-Positionen im brasilianischen Jiu-Jitsu befasst, solltest du bedenken, dass einige perfekt für Submissions beim Grappling sind, aber bei MMA-Turnieren (Mixed Martial Arts) schädlich sein können. Andere Guard-Positionen eignen sich hervorragend, um sich aus dominanten Positionen des Gegners zu befreien oder sich zu verteidigen.

Insgesamt wird die Guard-Position immer eine Schlüsselkomponente des brasilianischen Jiu-Jitsus sein, wenn man bedenkt, wie nützlich sie ist, um eine Angriffsposition zu erkämpfen. In diesem Kapitel erfährst du mehr über die Guard-Position, ihre verschiedenen Arten, das Guard-Passing, Sweep-Techniken, Übungen und Angriffe im brasilianischen Jiu-Jitsu. Nach dem Lesen dieses Kapitels wirst du in der Lage sein, dieses wichtige Element des brasilianischen Jiu-Jitsus optimal zu nutzen.

Closed Guard und Open Guard – Die Unterschiede

Zwei der grundlegendsten und beliebtesten Guard-Positionen, denen du begegnen wirst, sind Closed Guard und Open Guard. Beide sind beliebt, weil sie den Kämpfern hervorragende Werkzeuge an die Hand geben, egal ob sie oben oder unten sind.

Die Closed und Open Guard-Positionen bieten dir die Möglichkeit, deinen Gegner zu sweepen, zu kontrollieren und zu unterwerfen, und ermöglichen dir so ein starkes und solides defensives und offensives Vorgehen beim Grappling.

Closed Guard

So hältst du eine starke Closed-Guard-Position

Dies ist eine grundlegende Guard-Position, die du in deinem BJJ-Training lernen wirst. Der Closed Guard wird hauptsächlich von Anfängern und hochrangigen Wettkämpfern im brasilianischen Jiu-Jitsu verwendet. Es ist die grundlegende Guard-Position und eine der ersten Positionen, die du zu Beginn deines Trainings lernen wirst.

Die auch als Full Guard bezeichnete Closed Guard-Position entsteht, wenn du deine Beine um die Hüfte oder Taille deines Gegners schließt und gleichzeitig den Kragen oder Ärmel deines Gegners greifst.

Die Closed Guard zeigt perfekt, wo die Kraft und Stärke der Guard-Positionen liegt, insbesondere beim Distanzmanagement. Das bedeutet, dass du die vollständige Kontrolle hast, wenn du den spezifischen Bereich bestimmst, in dem das Grappling stattfindet, und einen freien Arm für Angriffe hast.

Du musst dich auch darauf konzentrieren, die entscheidenden Aspekte einer Closed Guard-Position erfolgreich umzusetzen. Diese werden im Folgenden kurz erläutert.

- **Beinposition** – Schlinge beide Beine um die Taille deines Gegners und verschränke deine Knöchel hinter dem Rücken deines Gegners, um die Position zu sichern. Möglicherweise musst du beide Knie zusammenpressen, während du sie gleichzeitig an deine Brust ziehst. So kannst du deinen Gegner zu dir ziehen und ihm den Raum für eine angemessene Körperhaltung nehmen.

- **Griff** – Bevor du die Closed Guard-Position ausführst, solltest du dir die Bedeutung der Griffplatzierung bewusstmachen, denn die Position deines Griffs gibt dir die Vielseitigkeit, die Bewegung erfolgreich auszuführen.

Wenn du jedoch aus einer Closed Guard-Position heraus greifst, wirst du in den meisten Kampfsportarten und Selbstverteidigungssituationen den Doppelarm-/Handgelenkgriff verwenden. Dieser Griff ermöglicht es dir, die Arme deines Gegners zu kontrollieren und dich vor jeder Form von Angriff zu schützen.

- Wenn du diesen Griff mit einer effektiven Körperbeherrschung, insbesondere mit deinen Beinen, kombinierst, befindest du dich in einer dominanten Position, um deinen Angriff zu starten.

- **Ziele** – Lege auch beim Ausführen der Guard-Position deine Ziele fest. Wie bei anderen Guard-Positionen besteht dein Hauptziel beim Closed Guard darin, zu verhindern, dass deine Guard-Position durchbrochen wird. Nur so kannst du sicherstellen, dass deine Guard-Position undurchdringlich ist, und das wird dir helfen, deine Angriffe zu starten.

Bei Angriffen ist es von Vorteil, zuerst die Stellung deines Gegners zu brechen. Beachte, dass du nicht viel von einem Gegner erreichen kannst, der aufrecht sitzt, während du deine gewählte Guard-Position einnimmst.

Die gute Nachricht ist, dass der effektive Einsatz deiner Beine und der doppelte Handgelenkgriff dir die Arbeit erleichtern. Wenn dein Gegner seine Haltung aufgegeben hat, kannst du Sweeps, Angriffe und Back Takes anwenden.

Open Guard-Position

So forcierst du eine Open Guard-Position

Die Open Guard unterscheidet sich von der Closed Guard dadurch, dass du deine Beine nicht um die Taille oder Brust deines Gegners schließen musst. Verwende die Open-Guard-Position, um von einer halben oder schwachen Full-Guard-Position, die durch die Bewegungen des Gegners ausgelöst wurde, in eine andere Position zu wechseln.

Es gibt mehrere Übergangspositionen, Submissions und Sweeps, wenn du die Open Guard-Position ausführst. Du kannst beispielsweise zu einer Butterfly-, Reverse De La Riva-, De La Riva- und Spider-Guard-Position übergehen. Sie unterscheidet sich in einigen Aspekten von der Closed Guard:

- **Beinposition** – Deine Beine haben in einer Open Guard bestimmte Funktionen, die unabhängig von der Guard-Position immer gleich bleiben. In der Open Guard dient ein Bein immer als Fangbein und ist das Bein, mit dem du dich an deinem Gegner festhältst.

- Das andere Bein wird je nach beabsichtigter Aktion eingesetzt, insbesondere bei der Verteidigung der Guard-Position, bei Submissions und Sweeps. Die genaue Positionierung der Beine hängt stark von der Art der Open Guard ab, die du verwenden möchtest.

- **Griffe** – Die Open Guard-Position ermöglicht eine Vielzahl von Griffoptionen. Denke jedoch an das zugrunde liegende Prinzip, nämlich immer diagonale Kontrolle. Vorzugsweise musst du ein Bein und den gegenüberliegenden Seitenarm greifen, unabhängig davon, welche Guard-Variante du verwendest.

- **Ziele** – Eine Open Guard-Position bedeutet, dass du zuerst die Position halten musst, bevor du einen Angriff ausführen kannst. Mehrere Open Guard-Positionen bieten nur wenige Angriffe, da sie mehr Wert auf Sweeps und Off-Balancing legen.

Andere Guard-Positionen ermöglichen dir eine Reihe von Sweeps und Angriffen und können einen Gegner dazu zwingen, sich die ganze Zeit in einer defensiven Position zu befinden.

Andere Guard-Positionen und Variationen im brasilianischen Jiu-Jitsu

Neben den für Anfänger im brasilianischen Jiu-Jitsu beliebten Open und Closed Guards gibt es noch weitere Arten und Variationen, mit denen du dich vertraut machen solltest. Diese Guard-Positionen sind nützlich, um jede Position im brasilianischen Jiu-Jitsu zu meistern und einen Kampf oder Angriff zu gewinnen.

High Guard

Fixiere die Schulter des Gegners in der High Guard-Position

Auch Climb Guard oder Crooked Guard genannt. Manövriere deine Beine, um den Gegner zu erklimmen und eine oder beide seiner Schultern zu fixieren. Das Fixieren der Schultern bringt deinen Gegner in Gefahr, da du leicht Armbar-, Sweep- und Triangle-Attacken ausführen kannst.

Im Vergleich zu anderen Guard-Positionen, insbesondere der Rubber-Guard-Position, erfordert die High-Guard-Position nur minimale Flexibilität. Es gibt jedoch Ähnlichkeiten, da beide Beine eingesetzt werden, um den Gegner in einer geduckten Haltung zu halten. Es handelt sich um eine fantastische Guard-Position im brasilianischen Jiu-Jitsu, da es für deinen Gegner schwierig sein wird, dich zu schlagen oder deine Guard-Position zu überwinden, ohne dir eine Gelegenheit zur Submission oder zum Sweep zu bieten.

Deep Half Guard

Die Deep Half Guard-Position mit angewinkelten Beinen

Im No-Gi-Stil mit einem Butterfly Hook unter dem Unterschenkel des Gegners

Diese Guard-Position erfordert, dass du dich unter deinen Gegner rollst, damit du sein Gewicht leicht übernehmen kannst. Sobald du in dieser Position bist, benutze deine Beine, um die Beine deines Gegners einzuklemmen, während du mit beiden Armen um seine Hüften greifst. Schwinge deine Beine, um deinen Gegner aus dem Gleichgewicht zu bringen. Der Deep Half Guard bietet nur wenige Submissions, aber es ist immer noch eine großartige Position, um zu sweepen.

Rubber-Guard-Position

Die Rubber-Guard-Position ist anspruchsvoll und schwierig auszuführen, da sie mehr Flexibilität erfordert. Führe diese Position aus, wenn du aus einer hohen oder vollen Guard-Position heraus agierst. Im Jiu-Jitsu kann die Rubber-Guard-Position eine Variante der High-Guard-Position sein, bei der du beide Füße verwenden, und sie in eine hohe Position bringen musst. Diese Position hilft dir, den Hals deines Gegners zu kontrollieren und sicherzustellen, dass sein Kopf unten bleibt. Das Ergebnis ist eine perfekte Kontrolle über deinen Gegner, der sich in einer unvorteilhaften Position befindet.

Spider-Guard-Position

Die Spider Guard-Position wird gegen einen knienden Gegner angewendet (beide Füße auf dem Bizeps)

Gegen einen stehenden Gegner, einen Fuß auf dem Bizeps und den anderen auf der Hüfte

Gegen einen stehenden Gegner, einen Fuß auf dem Bizeps und ein Bein um den Arm geschlungen

Beim Spider Guard handelt es sich um eine anspruchsvolle Guard-Position im brasilianischen Jiu-Jitsu, mit der du die Distanz zu deinem knienden oder stehenden Gegner hervorragend kontrollieren kannst. Diese Position kann dazu beitragen, deinen Gegner aus dem Gleichgewicht zu bringen, und dir die Möglichkeit für einige Submissions oder Sweeps geben, einschließlich Armbar und Triangle Chokes.

Du kannst die Spider-Guard-Position auch als Übergang zu anderen Guard-Positionen verwenden, wie z. B. der De-la-Riva-Position. Du kannst sie als Open Guard ausführen, indem du die Ärmel oder Handgelenke deines Gegners greifst und mit einem Fuß auch seine Arme kontrollierst.

In den meisten Fällen musst du nur einen Fuß gegen den Bizeps deines Gegners setzen. Andernfalls besteht die Gefahr, dass dein Bein in der Nähe des Ellbogens deines Gegners abrutscht und deine Zehen unter seinem Oberarm verschwinden.

Butterfly-Guard-Position

Die Butterfly-Guard-Position mit Untergriff und Griff am Gürtel

Kreuzgriff am Hosenbein und am Revers

Die Butterfly Guard-Position mit einem Bearhug-Griff. Gelegentlich in MMA verwendet, da es für den Gegner schwierig ist, viel Kraft in seine Schläge zu setzen.

Eine sehr schwierige Position, um den Butterfly Guard (von den frühen UFC-Kommentatoren als TK Guard bezeichnet) einzusetzen.

Diese dynamische Butterfly-Guard-Position bietet mehrere Optionen für Sweeps und kann beim No-Gi- und Gi-Grappling eingesetzt werden. Um diese Guard-Position auszuführen, macht man sich zunächst mit der Sitzposition vertraut und lernt, wie man aktiv bleibt, wenn man versucht, den Gegner aus dem Gleichgewicht zu bringen.

Viele Kämpfer im brasilianischen Jiu-Jitsu nutzen diese Position, um Leg Lock Submissions einzuleiten. Einige nutzen diese Position, um in die Half Guard-, Single Leg X Guard- und X Guard-Positionen überzugehen.

Knee Shield oder Z-Guard

Die Z-Guard-Position mit dem unteren Bein eingehakt und dem oberen Knie, das gegen die Hüfte drückt

Die gleiche Position mit dem oberen Knie, das in den Brust-/Schulterbereich drückt

Diese spezielle Guard-Position kann aus der Standard-Halb-Guard-Position heraus ausgeführt werden. Hebe ein Knie an, um das Gewicht von deinem Gegner zu nehmen. Dadurch entsteht ein Schutzrahmen, der sicherstellt, dass du nicht von deinem Gegner mit Submissions und Sweeps überwältigt wirst. Um eine Submission abzuwehren, greife den entfernten Arm an, und um Sweeps auszuführen, hake die nahestehende Seite unter und setze gleichzeitig den Rücken unter Druck.

Octopus-Guard-Position

Die Octopus-Guard-Position im No-Gi Stil

In den meisten Fällen erhältst du eine Chance auf die Octopus Guard-Position, wenn dein Gegner einen Hip Switch ausführt, nachdem er sich in einer Knee Shield-Position befand. Eine weitere Möglichkeit, die Octopus Guard-Position einzunehmen, ist eine Bewegung deiner weiter entfernten Schulter hinter die deines Gegners.

Verwende diese spezielle Position, um in den Mount zu wechseln oder den Rücken zu erreichen. Die auch als umgekehrte Guard-Position bezeichnete Octopus-Guard-Position erfordert auch, dass du dich auf deinen Ellbogen stützt oder verlässt, um in die Position zu gelangen.

Koala-Guard-Position

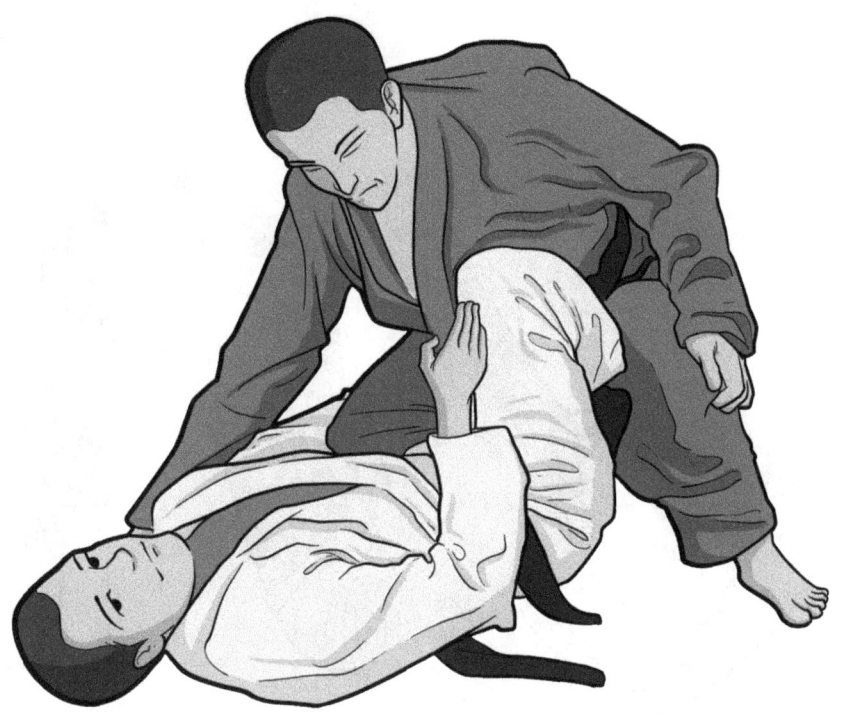

Koala-Guard-Position

Die Koala Guard-Position kannst du einnehmen, wenn du gegen einen stehenden Gegner in eine sitzende Position gehst. Klammer dich an das Bein deines Gegners, ähnlich wie ein Koala, was zu einer stabileren Verbindung führt. Die Koala Guard-Position wird häufig als Übergang zu anderen Guard-Positionen verwendet und ist auch nützlich, wenn du Leg Locks, wie z. B. Foot Locks, Achilles Locks und Knee Bars, anwenden musst.

Collar Sleeve Guard

Collar Sleeve Guard

Um in diese Guard-Position zu gelangen, greifst du mit einer Hand den Ärmel deines Gegners, mit der anderen Hand den Kragen und legst dein Bein auf den Bizeps des Arms, den du im Griff hast.

Platziere dein anderes Bein an der Hüfte deines Gegners. Alternativ kannst du dieses Bein als Haken ansetzen. Wie bei anderen Sleeve Guards auch ist es dein Ziel, deinen Gegner aus dem Gleichgewicht zu bringen, indem du ihn schiebst und ziehst. Du kannst verschiedene Sweeps effektiv ausführen und eine Submission erzwingen, bei der es sich in der Regel um das Triangle handelt.

Quarter-Guard-Position

Quarter Guard

Diese Position liegt zwischen Mount Guard und Half Guard. In den meisten Fällen bietet der Quarter Guard wenig Angriffsfläche, sodass er hauptsächlich als Verteidigungsposition eingesetzt wird, um zu verhindern, dass du deine Guard-Position durchbrichst.

Die meisten Kämpfer mögen die Quarter Guard-Position nicht, da sie als unterlegene Position gilt. Bei dieser Position muss der Fuß des Gegners festgehalten werden, nicht sein Knie. Trotzdem ist sie nützlich für Sweeps, wenn dein Gegner einen Fehler macht.

Was ist die Guard Retention?

Jetzt, da du einige der nützlichsten Guard-Positionen kennst, ist es an der Zeit zu verstehen, wie du diese Position halten kannst. Als Anfänger im brasilianischen Jiu-Jitsu musst du nicht nur verschiedene Guard-Positionen beherrschen, sondern auch lernen, wie du sie halten kannst.

Das Ziel der Beherrschung der Guard-Position besteht darin, zu vermeiden, dass man von den Guard-Pässen des Gegners überwältigt wird, ohne die Chance zu haben, die Position zu halten. Reagiere sofort, wenn du spürst, dass dein Gegner im Begriff ist, deine Guard-Position zu passieren.

Der erste Schritt, um dieses zu vermeiden, ist natürlich, ruhig zu bleiben. Außerdem ist es wichtig, dass du deinem Gegner zugewandt bleibst. Denke daran, dass dein Gegner auf deine Seite kommen und dich in Side Control bringen muss, um deine Guard-Position zu überwinden. Drehe deinen Körper also weiter, um sicherzustellen, dass du deinem Gegner die ganze Zeit zugewandt bleibst.

Auf diese Weise kann dein Gegner nicht in die Position gelangen, die dich dazu verleiten würde, die Guard-Position aufzugeben. Das wichtigste Prinzip, um die Guard-Position zu halten, ist, dass du deinem Angreifer oder Gegner immer zugewandt sein musst.

Den Kopf unter Kontrolle halten

Mache dir keine Sorgen, wenn dein Gegner bereits auf halbem Weg ist, dich aus deiner Guard-Position zu bringen, denn es ist immer noch möglich, deine Position zu retten und wiederherzustellen. Die beste Möglichkeit, mit dieser Situation umzugehen, besteht darin, den Kopf deines Gegners mit beiden Händen zu kontrollieren.

So verhinderst du, dass dein Gegner sich effizient bewegen und sich auf den Kampf mit deinen Händen konzentrieren kann, und verschaffst dir ausreichend Zeit, um deinen Körper aus dem Weg zu bewegen. Nutze diese Zeit, um deine Hauptposition wiederherzustellen, was auch für eine effektive Verteidigung in der Guard-Position unerlässlich ist.

Richtige Positionierung der Knie

Die richtige Kniepositionierung ist auch für die Beibehaltung der Guard-Position von entscheidender Bedeutung. Das Ziel besteht darin, sicherzustellen, dass deine Knie so weit wie möglich zusammenbleiben, was jedoch nicht unbedingt bedeutet, dass deine Knie komplett geschlossen bleiben müssen. Die beste Position für deine Knie ist es, sie sehr nah an deiner Brust zu halten. Dein Gegner wird es schwer haben, dich aus deiner Guard-Position zu bringen, wenn es dir gelingt, deine Knie erfolgreich nah an deiner Brust zu halten.

Du musst jedoch auch lernen, wie du dich aus deinen Beinen herausziehen kannst, um eine Möglichkeit für einen Einstieg in die Side Control zu schaffen. Die Guard-Position zu halten ist möglich, wenn du sicherstellst, dass dein Gegner nah bei dir bleibt.

Kapitel 7: Die Kunst des Takedowns

Takedowns sind für das brasilianische Jiu-Jitsu von entscheidender Bedeutung, daher müssen alle Teilnehmer wissen, wie sie ausgeführt werden, unabhängig von Gürteln, Fachwissen und Können. Bei Wettkämpfen beginnt der eigentliche Kampf im Stehen, aber du erhältst wertvolle Punkte, wenn du einen guten Takedown landest. Der Takedown bestimmt auch, wie der Kampf endet.

Das Beste an einem guten Takedown ist, dass er dir eine hervorragende Position am Boden verschafft, wie z. B. Side Control und Mount. Du hast sogar die Möglichkeit, deinem Gegner in den Rücken zu fallen.

Warum es wichtig ist, die Kunst des Takedowns im brasilianischen Jiu-Jitsu zu erlernen

Wenn man die Bedeutung von Takedowns begreift, ist es wichtig, die Wurzeln dieser Form der Kampfkunst zu verstehen – darunter die Selbstverteidigung, die von großer Bedeutung ist. Takedowns bieten die Möglichkeit einer schnellen Flucht, wenn du dich verteidigen oder deine Bodenkampffähigkeiten einsetzen musst.

Gute Takedowns zu meistern ist entscheidend, da es dir großartige Verteidigungsfähigkeiten verleiht, insbesondere wenn die Situation mehr als einen Angreifer umfasst. Fast jeder glaubt, dass bei Straßenkämpfen die am wenigsten bevorzugte Fläche der Boden ist.

Zwar hast du durch dein Training im brasilianischen Jiu-Jitsu einen guten körperlichen Vorteil, wenn du zu Boden gehst, aber es wäre am besten, dies zu vermeiden, wenn du in Gefahr bist. Dein Ziel sollte eine schnelle Flucht sein, und dein Wissen über Takedowns wird es dir ermöglichen, dies zu erreichen.

Takedowns sind auch wichtig, wenn es um Regeln geht, die das Herausziehen aus der Guard-Position bestrafen, außerdem helfen sie dir zu entscheiden, ob du den Kampf aus der Top-Position heraus beginnen solltest. Darüber hinaus dient der Takedown dazu, einen Angreifer oder deinen Gegner bei Wettkämpfen zu überraschen.

Unterschätze niemals die Bedeutung von Takedowns, nicht nur bei Wettkämpfen im brasilianischen Jiu-Jitsu, sondern auch in gefährlichen Situationen.

Grundlagen des Takedowns

Bei allen Kampfsportarten und Kampfkünsten, wie dem brasilianischen Jiu-Jitsu, wird die Fähigkeit, jemanden zu Boden zu bringen, als entscheidender Aspekt angesehen. Deine Fähigkeit, jemanden zu Boden zu bringen, wird bei Straßenkämpfen eine wertvolle Selbstverteidigung sein. Mit einem erfolgreichen Wurf oder Takedown schwächst du die Position deines Angreifers oder Gegners und bringst ihn in eine schwierige und verwundbare Lage, die dir zum Vorteil gereicht.

Es ist unerlässlich, zunächst die Grundlagen von Takedowns zu erlernen, damit du sie erfolgreich ausführen kannst. In diesem Abschnitt findest du Konzepte, Tipps und Übungen, um deine Takedowns zu verbessern.

Die Schwachstelle ins Visier nehmen

Die Schwachstelle ist ein grundlegender Aspekt des Takedowns, den Anfänger im brasilianischen Jiu-Jitsu lernen und verstehen müssen. Die Schwachstelle bezieht sich auf den Punkt, der ein Dreieck mit der Linie bildet, die du dir vorstellst, wenn du deine beiden Füße verbindest. In dieser Linie findest du deinen Schwerpunkt.

Wenn ein Angreifer oder Gegner beispielsweise mit parallelen Füßen auf dem Boden steht, befindet sich seine Schwachstelle höchstwahrscheinlich direkt nach hinten oder vorne. Denke daran, dass sich die Schwachstelle ständig ändert, aber nicht verschwindet.

Sobald du deine Fähigkeiten bei der Ausführung von Takedowns verbessert hast, wird es dir leichter fallen, automatisch die genaue Schwachstelle deines Gegners zu spüren. Du kannst sie nutzen, um mit nur einem Blick die perfekte Richtung für den Takedown zu bestimmen.

Deinen Gegner aus dem Gleichgewicht bringen

Wenn du Takedowns ausführst, ist es äußerst wichtig zu lernen, wie du deinen Angreifer oder Gegner aus dem Gleichgewicht bringst. Es ist extrem schwierig, deinen Gegner zu Boden zu bringen, wenn er perfekt im Gleichgewicht ist. Im Judo wird dies auch Kuzushi genannt. Du kannst deinen Gegner durch Ziehen und Snapdowns aus dem Gleichgewicht bringen.

Du kannst dies auch erreichen, indem du an seinem Gi ziehst, wodurch er aus dem Gleichgewicht gerät. Das Ausbalancieren deines Gegners geht mit dem Anvisieren der Schwachstelle einher, und zwar aus dem Grund, dass du diese Technik nutzen kannst, um die Schwachstelle deines Gegners aufzudecken.

Das Ziel besteht darin, deinen Gegner zu zwingen, in eine bestimmte Richtung zu treten, um leichter an seine Schwachstelle zu gelangen. Es hilft auch, das Bein deines Gegners freizulegen, was die Ausführung der Takedowns weiter erleichtert.

Weitere grundlegende Strategien und Konzepte

Jeder Grappling-Stil hat sein eigenes grundlegendes Konzept, das seine Effektivität verbessert. Zu den wichtigsten und grundlegendsten Strategien und Konzepten, die deine Takedown-Fähigkeiten noch weiter verbessern, gehören:

Ablaufplan für Takedowns

Es ist notwendig, deine Fähigkeit zu verbessern, die Abfolgen für Takedowns miteinander zu verketten und sie mit verschiedenen Clinch-Setups zu kombinieren. Mit anderen Worten: Du musst einen Ablaufplan mit den spezifischen Techniken erstellen, die sich für eine Paarung oder Kombination eignen.

Die Erstellung eines Ablaufplans hilft dir auch bei der Auswahl bestimmter Clinch-Positionen, die je nach Reaktion deines Gegners garantiert für dich funktionieren. Ablaufpläne tragen dazu bei, eine starke und solide Grundlage für die Bewegung aus allen möglichen Takedowns und Setups zu schaffen.

Kämpfen und Manipulieren der Kopfposition

Du solltest auch wissen, wie du um die Kopfposition deines Gegners kämpfst und sie mit deiner Stirn manipulierst. Dadurch wird seine Sicht behindert und er aus dem Gleichgewicht gebracht. Vergiss nicht, dass beim Grappling der Kopf als fünftes Glied dient. Du kannst dich als hervorragenden Grappler bezeichnen, wenn du weißt, wie du deinen Gegner mit deinem Kopf in die richtige Position drückst.

Grab and Go-Technik

Wenn du gegen einen größeren Gegner kämpfst, der dir wahrscheinlich an Kraft überlegen ist, konzentriere dich auf Vorbereitungsbewegungen, die es dir ermöglichen, ihn schnell zu greifen und seine Haltung oder sein Gleichgewicht sofort zu stören. Während er sich erholt, kannst du versuchen, ihn zu Boden zu bringen.

Trainiere, die Bewegungen schnell auszuführen, damit dein Gegner dich nicht festhalten oder greifen kann. Wenn du beim ersten Versuch scheiterst, löse die Technik. Einige Beispiele für Grab-and-Go-Bewegungen sind Snapdowns und Armdrags.

Lass deinen Gegner deine nächsten Bewegungen erraten

Die wiederholte Verwendung ähnlicher Technikkombinationen und Bewegungen ist beim brasilianischen Jiu-Jitsu nicht gut, da dein Gegner deine Bewegungen dann leichter vorhersehen und kontern kann. Verwende deinen Ablaufplan für Takedowns, um dies zu vermeiden. Stelle sicher, dass der Ablaufplan umfangreich genug ist, um die Vorhersehbarkeit in deinen Kämpfen zu eliminieren. Ändere deine Takedown-Kombinationen und Positionierungen häufig und lasse deinen Gegner ständig raten.

Bringe den Gegner in deine bevorzugte Position

Während deiner Kämpfe solltest du darauf achten, dass deine Taktik deinen Gegner dazu bringt, sich in die von dir beabsichtigte Position zu bewegen. Wenn du zum Beispiel einen Takedown mit einem Bein durchführst, während du in einem Clinch bist, bewege deine Hände so, dass sie nach vorne gleiten, um eine doppelte Bizepskontrolle zu erlangen.

Wenn der Arm auf der Seite deines Standbeins gezogen wird, nutze stattdessen deine Beinarbeit und zwinge deinen Gegner, sich mit deinem Körper zu bewegen, anstatt die Kraft deiner Arme einzusetzen.

Erwarte, dass dein Gegner einen Schritt nach vorne macht, um das Gleichgewicht zu halten. Dieser Schritt wird höchstwahrscheinlich auf der Seite des gezogenen Arms erfolgen, was dazu führt, dass sein Standbein mit deinem übereinstimmt. Dies ist der perfekte Zeitpunkt, um mit einem Beinangriff zu kontern.

Grundlegende Takedowns, die BJJ-Anfänger kennen müssen

Um die Kunst des Takedowns zu meistern, sind hier die grundlegenden Takedowns für Anfänger:

Double Leg

Ein Double-Leg-Takedown ist eine wichtige Takedown-Technik, die viele Anwendungen im brasilianischen Jiu-Jitsu hat. Es ist schwierig, eine Liste von Takedowns für Anfänger zu erstellen, ohne den Double Leg aufzunehmen. Es ist der am häufigsten verwendete Takedown in allen Kampfsportarten, da die Technik einfach und leicht zu verstehen ist.

Um den Double Leg Takedown erfolgreich auszuführen, musst du zuerst die Kampfebene wechseln, d. h. deinen Kopf auf die Gürtellinie deines Gegners senken und den Stechschritt ausführen. Greife dann die Beine deines Gegners und drücke dich durch.

Wenn du diese Technik oft übst, wirst du sofort eine Verbesserung feststellen, wenn es darum geht, deine Angreifer oder Gegner aus der Guard-Position zu erwischen und sie mit dieser Technik zu überraschen. Beachte, dass du den Double-Leg-Takedown zwar blitzschnell ausführen kannst, dies aber oft nicht notwendig ist.

Es ist viel besser, langsam zu beginnen und sich allmählich zu steigern, damit dein Partner genug Zeit hat, den Sturz abzufangen.

Ankle Pick

Dieser Takedown ist wahrscheinlich die effektivste Technik, die vom brasilianischen Jiu-Jitsu übernommen wurde. Die relative Einfachheit der Ankle-Pick-Technik ist der Grund, warum sie eine der ersten ist, die im brasilianischen Jiu-Jitsu und anderen Kampfsportarten gelehrt wird.

Um den Ankle Pick Takedown auszuführen, drücke den Kopf deines Gegners über eines seiner Beine und immobilisiere das Bein, da es das zusätzliche Gewicht tragen muss. Während das Bein keine Bewegung zulässt, vollende diese Takedown-Technik, indem du einen Schritt nach vorne machst. Dies ist notwendig, um den Zielfuß zu blockieren, bevor du nach unten zum Knöchel greifst.

An diesem Punkt hebst du den Fuß des Gegners an, was zum Takedown oder Sturz deines Gegners führt. Wie du vielleicht bemerkt hast, ist diese Technik nicht wie andere Takedowns, die mit hohen Schlägen und Würfen verbunden sind. Du musst nur einen Fuß deines Gegners unter ihm wegziehen, und er wird sicher auf die Matte fallen.

Ein Vorteil des Ankle Pick Takedown ist, dass die Strafe für ein Scheitern sehr gering ist. Außerdem ist es im Gegensatz zum herkömmlichen Ringen nicht notwendig, unter den Gegner zu gehen, wenn man den Knöchelgriff ausführt, wodurch die Möglichkeit ausgeschlossen wird, unter dem Gewicht des Gegners eingequetscht zu werden.

Ein weiterer Grund, den Ankle Pick Takedown zu trainieren, ist, dass er Ringer lehrt, ihre Takedown-Strategien während Live-Wettkämpfen und Runden ohne Frustration zu priorisieren. Es ist auch eine unglaubliche Technik, die man lernen sollte, wenn man sich im Stehen unwohl fühlt.

Single Leg Takedown

Als wichtige Technik im Ringen ist der Single-Leg Takedown auch im brasilianischen Jiu-Jitsu nützlich. Diese Technik ist im Vergleich zu anderen Takedowns stärker von der Kraft abhängig. Im brasilianischen Jiu-Jitsu, insbesondere im No-Gi, führen mehrere Sweeps zu Single-Leg Takedowns, daher musst du lernen, wie du einen Single-Leg Takedown beendest, wenn du am No-Gi Grappling beteiligt bist.

Beim Single-Leg Takedown wechselst du zuerst die Kampfebene und schlingst dann deinen linken Arm um das rechte Knie deines Gegners, während du dich zu deinem linken Bein drehst. Hebe das Bein deines Gegners vom Boden, während du deine Hände zusammenführst und die Ellbogen geschlossen hältst. Achte darauf, dass auch der oberste Teil deines Kopfes zur Brust deines Gegners fährt. Klemme sein Bein zwischen deinen Beinen ein.

Beende diese Technik mit einem Double-Leg Takedown. Greife mit deiner rechten Hand das Knie des Standbeins deines Gegners; dies wird die Ausführung des Double Leg begünstigen. Du kannst es auch mit einem Foot Sweep beenden – fege das Standbein deines Gegners mit einem deiner Füße aus.

High Crotch

Der High Crotch ist eine Mischung aus dem Single und dem Double Leg Takedown. Für den High Crotch ist nicht die gleiche Athletik erforderlich wie für den Double Leg. Allerdings musst du bei der Ausführung dieses Takedowns technisch versierter sein als beim Single Leg.

Ähnlich wie beim Single Leg Takedown solltest du beim High Crotch auf das Standbein zielen. Allerdings muss sich dein Kopf eher an der Außenseite des Angreifers oder Gegners befinden als an der Innenseite.

Collar Drag

Der Collar Drag ist ein gängiger Takedown, der nur im brasilianischen Jiu-Jitsu angewendet wird. Es handelt sich um einen beliebten Sweep aus der Guard-Position, den du auch im Stehen ausführen kannst und der sehr einfach zu erlernen ist, weshalb er zum Arsenal der meisten Teilnehmer gehört.

Der Collar Drag ist leicht zu erlernen, da man sich nicht unter den Schwerpunkt des Gegners begeben muss und auch nicht viel aus dem Gleichgewicht bringen muss. Außerdem ähnelt die Bewegung des Collar Drag dem Ziehen einer Half Guard.

Um den Collar Drag auszuführen, greifst du deinen Gegner mit der rechten Hand von oben und von vorne und bringst deinen linken Fuß außerhalb des rechten Fußes deines Gegners in Position. Schiebe ein Bein zwischen die Beine deines Gegners und lasse deine rechte Körperseite zu Boden sinken.

Stelle dir vor, wie du die Guard-Position herstellst. Während du die rechte Hüfte und das rechte Bein nach vorne schiebst, ziehst du den Kragen deines Gegners zu Boden. Dein Takedown endet mit einem Kniestoß gegen deinen Angreifer oder Gegner, falls nötig.

Kapitel 8: Die Kunst der Submission

Die auch als sanfte Kunst bekannte Art der Submission im brasilianischen Jiu-Jitsu ist der Höhepunkt des Erfolgs, wenn du diese Kampfkunst beherrschst. Beachte, dass alle Wettkämpfer immer eine Submission anstreben, obwohl viele Wettbewerbe und Kämpfe im brasilianischen Jiu-Jitsu nach Punkten entschieden werden.

Als Anfänger kann es sein, dass du von den zahlreichen Submissions, die du lernen, verstehen und beherrschen musst, überwältigt bist. Aber keine Panik. Du musst nur die grundlegenden Kategorien der Submissions im brasilianischen Jiu-Jitsu lernen, um die wesentlichen Prinzipien zu verstehen und es leichter zu haben, deinen Gegner zu Submission zu zwingen.

Wie dir jede Submission im brasilianischen Jiu-Jitsu gelingt

Es gibt viele Submissions im brasilianischen Jiu-Jitsu, sodass es schwierig sein kann, sich jede einzelne als eigene Taktik und Technik zu merken. Wenn du jedoch die spezifischen Gründe für Submissions herausgefunden und dich mit dem Kategorisierungssystem vertraut gemacht hast, kannst du jede einzelne davon vollständig verstehen und leicht meistern. Ein weiterer entscheidender Punkt ist, dass diese spezifischen Aspekte des Beendens von Submissions für jede abschließende Bewegung des brasilianischen Jiu-Jitsus als universell gelten; daher ist die Positionierung ein wichtiger Faktor und ein wichtiges Konzept. Um Submissions zu erzielen, ist es notwendig, möglichst viel deiner Körpermasse gegen ein einzelnes Körperteil deines Gegners zu positionieren. Durch den Einsatz deiner eigenen starken Körperteile wird es dir leichter fallen, die schwächeren Körperteile deines Gegners anzugreifen.

Grifftechniken gehören ebenfalls zu den wichtigsten Aspekten der Submission im brasilianischen Jiu-Jitsu, da du mit ihnen deine beabsichtigten Submission-Versuche entweder zum Erfolg führen oder zum Scheitern bringen kannst. Grifftechniken tragen wesentlich dazu bei, Spannung in den spezifischen Körperteilen aufzubauen, die du angreifen möchtest. Mithilfe der richtigen Grifftechniken kannst du auch einen Torsionseffekt erzeugen, um bei jeder Submission eine Drehbewegung einzubringen.

Dies sind einige mechanische Prinzipien, die als Hauptelemente bei der Ausführung von Jiu-Jitsu-Submissions dienen. Denke jedoch daran, dass verschiedene Submissions auch auf verschiedenen Grundlagen basieren, was bedeutet, dass du all diese Submissions nur überblicken kannst, wenn du sie in ein sinnvolles System einordnest.

Effektive Submission-Techniken im brasilianischen Jiu-Jitsu

Dieser Abschnitt gibt dir auch eine Vorstellung davon, wie du die Submissions anordnen kannst, um sie dir leicht zu merken.

Außerdem erfährst du, wie du mehrere Tap-Techniken anwenden kannst. Um verschiedene Submissions besser zu verstehen, teile sie nach ihren Hauptkategorien ein, wobei jede Kategorie spezifische Unterkategorien in Bezug auf Taktiken und Techniken hat.

Würgegriffe (Chokes)

Würgegriffe oder Chokes sind einfach und leicht verständlich. Bei dieser Technik wird etwas um den Hals des Gegners gewickelt und festgezogen. Es gibt vier Würgetechniken, um Submission im brasilianischen Jiu-Jitsu zu erzielen – drei davon können als Finishing Chokes eingesetzt werden.

- Air Chokes durch Blockieren der Luftröhre
- Chest Compressions durch Verhindern der Brustkorbausdehnung durch Druck

- Blood Chokes durch Zusammendrücken der Halsschlagadern auf beiden Seiten des Halses

Es ist auch möglich, den Neck Crank auszuführen, obwohl diese Bewegung in die Kategorie der Wirbelsäulen-Locks fällt. Bei der Ausführung von Würgegriffen ist es wichtig, darauf zu achten, dass der Hals des Gegners komplett blockiert wird.

Du kannst nicht erwarten, dass ein Würgegriff funktioniert, wenn um den Hals deines Gegners herum noch Platz ist. Indem du alle strukturellen Elemente zusammenfügst, kannst du die Chance auf einen erfolgreichen Würgegriff erhöhen.

Außerdem ist es wichtig, Geduld zu haben, wenn man darauf wartet, dass der Würgegriff greift. Sobald du sicher bist, dass der Würgegriff sitzt, zähle bis 20, passe ihn an, wenn der Gegner immer noch nicht aufgibt, und drücke fester zu oder führe den Würgegriff erneut aus.

Im Folgenden geht es um Submissions, die unter die Kategorie Würgegriffe fallen.

Rear-Naked Choke

Diese wichtige Submission ist ein Muss für Anfänger. Der Rear-Naked Choke wird oft aus der Rückenlage heraus ausgeführt, insbesondere wenn deine Arme den Hals deines Gegners umschließen. Durch eine Armhaltung, ähnlich wie in der Abbildung, kannst du diese Position verstärken.

Halte deine Ellbogen eng am Körper. Drücke dabei zu, um sicherzustellen, dass du eine ausreichende Verengung und Spannung erzielst. Diese Würgetechnik ist in allen Kategorien des brasilianischen Jiu-Jitsus erlaubt und kann mit oder ohne Gi angewendet werden.

Guillotine Choke

Guillotine Choke

Im Gegensatz zum Rear-Naked Choke bezeichnet der Guillotine Choke eine Submission von vorne, häufig aus der Guard-Position oder anderen Positionen. Um diesen Choke perfekt auszuführen, achte darauf, dass der Kopf deines Gegners sich unter deiner Achselhöhle befindet. Setze dann den entscheidenden Griff am Kinn ein.

Der Erfolg des Guillotine Choke hängt maßgeblich von der genauen Variante ab, für die du dich entscheidest. Der Würgegriff kann auch als

Luft- oder Blutsperre eingesetzt werden, da bei jeder Variante eine Brustkompression stattfindet.

Der Guillotine Choke führt zu positiven Ergebnissen, unabhängig davon, ob du einen Gi verwendest oder nicht. Du kannst ihn auch aus der Guard-Position, im Stehen, in der Halb-Guard-Position und im Mount anwenden. Es gibt auch mehrere Varianten, darunter der High-Elbow, Power Guillotine, Ten-Finger, Low-Elbow und Arm-in.

Triangle Choke

Triangle Choke

Beim Triangle Choke, einer wichtigen Submission beim Grappling, werden die Beine und der Arm des Gegners benutzt. Diese spezielle Würgegriff-Variante stammt aus dem Judo, ist aber heutzutage eine berühmte Submission im brasilianischen Jiu-Jitsu, da sie unabhängig von der Position und mit oder ohne Gi gute Ergebnisse liefert.

Du kannst die Triangle Choke Submission aus einer Closed Guard heraus einleiten. Es ist jedoch auch möglich, sie aus anderen Positionen heraus einzuleiten, wie z. B. aus einer Open Guard, Back Control, Half Guard, Mount und im Stand.

Grapefruit oder Helio Gracie Choke

Grapefruit- oder Helio-Gracie-Choke

Viele BJJ-Kämpfer lieben diese Submission, da sie eine einfache Methode darstellt, um einen Gegner zu würgen. Es handelt sich um einen traditionellen Choke, den du von oben ausführen kannst, indem du die Knöchel auf beiden Seiten des Halses deines Gegners positionierst.

Balle dabei deine Fäuste. Es ist auch hilfreich, die Ellbogen auf dem Boden abzustützen, um eine optimale Position zu erreichen, in der deine Knöchel direkten Druck auf die Arterie ausüben können. Es handelt sich um eine schnelle Submission, die effektiv und schmerzhaft ist.

Bow and Arrow Choke

Bow and Arrow Choke

Dieser spezielle Choke ähnelt einem Collar Choke, der von der Back Control aus eingeleitet wird. Bei dieser Technik greifst du das Bein und das Revers deines Gegners, während du seine Beinbewegungen kontrollierst.

Der Name dieser Submission leitet sich von der Körperhaltung ab, die die beiden Körper bei der Ausführung des Chokes einnehmen. Du kannst den Bow and Arrow Choke auch aus der Closed Guard, der Side Control und der Turtle heraus einleiten.

Arm and Shoulder Locks

Eine weitere Kategorie von Submission-Techniken im brasilianischen Jiu-Jitsu, mit der du dich vertraut machen solltest, sind Arm- und Shoulder Locks. Die meisten Submissions in dieser Kategorie beinhalten Angriffe auf die Gelenke der Arme, einschließlich der Schultern, Handgelenke und Ellbogen, und es ist die heutzutage am häufigsten verwendete Submission.

Obwohl es für den Armlock verschiedene Unterkategorien gibt, hängt es stark davon ab, ob der Zielarm gebeugt oder gerade ist, neben dem Angriff auf das Gelenk. Das Hauptprinzip, das für alle Armlocks gilt, ist das der Kontrolle von zwei benachbarten Gelenken auf beiden Seiten deines Gegners.

Armbar

Armbar

Beim Armbar werden die Ellenbogengelenke mit dem gestreckten Arm angegriffen. Wenn du das obere oder untere Grappling abgeschlossen hast, drücke mit der Hüfte auf den Ellbogen deines Gegners und zwinge ihn, den Arm in eine unangenehme und ungünstige Richtung zu beugen.

Mit Hüfte und Beinen hast du die volle Kontrolle über die Schultergelenke deines Gegners, und dein Oberkörper und deine Arme wirken sich auch auf seine Handgelenke aus. Diese spezielle Submission wird oft aus der Guard-Position oder dem Mount heraus ausgeführt. Allerdings kann man fast aus jeder Position heraus einen Armbar ansetzen. Diese Submission ist für jeden erlaubt und funktioniert in der Regel gut, egal ob du einen Gi trägst oder nicht.

Straight Armlock

Straight Armlock

Diese spezielle Submission beginnt in der Regel entweder von unten oder von oben. Wenn du sie aus der Guard-Position heraus ausführst, wird sie als Inverted Armlock bezeichnet. Das Ziel besteht darin, mit den Armen Druck auf den Ellbogen auszuüben, anstatt auf die Hüfte. Außerdem sollen die Beine das Schultergelenk des Gegners kontrollieren. Blockiere das Handgelenk mit dem Kopf und klemme den Arm mit der Schulter ein.

Kimura

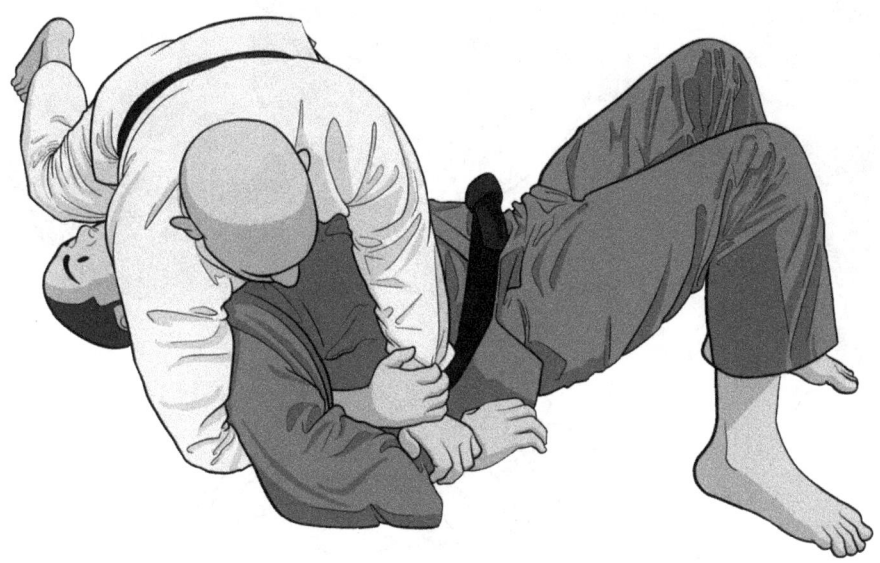

Kimura

Diese Submission fällt in die Kategorie der gebogenen Armlocks, die oft auf die Schultergelenke des Gegners abzielen. Es handelt sich um eine beliebte Form der Jiu-Jitsu-Submission, die von vielen Kämpfern eingesetzt wird. Greife das Handgelenk deines Gegners mit der Figur-4-Griffkonfiguration.

Das bedeutet, dass du den Ellbogen mithilfe von Hebelwirkung und deine Beine zur Kontrolle des Nackens einsetzt. Beim Kimura werden Arme und Rumpf in eine Drehbewegung versetzt, aber der Griff kann gelöst werden, wenn er nicht effektiv ausgeführt wird.

Americana

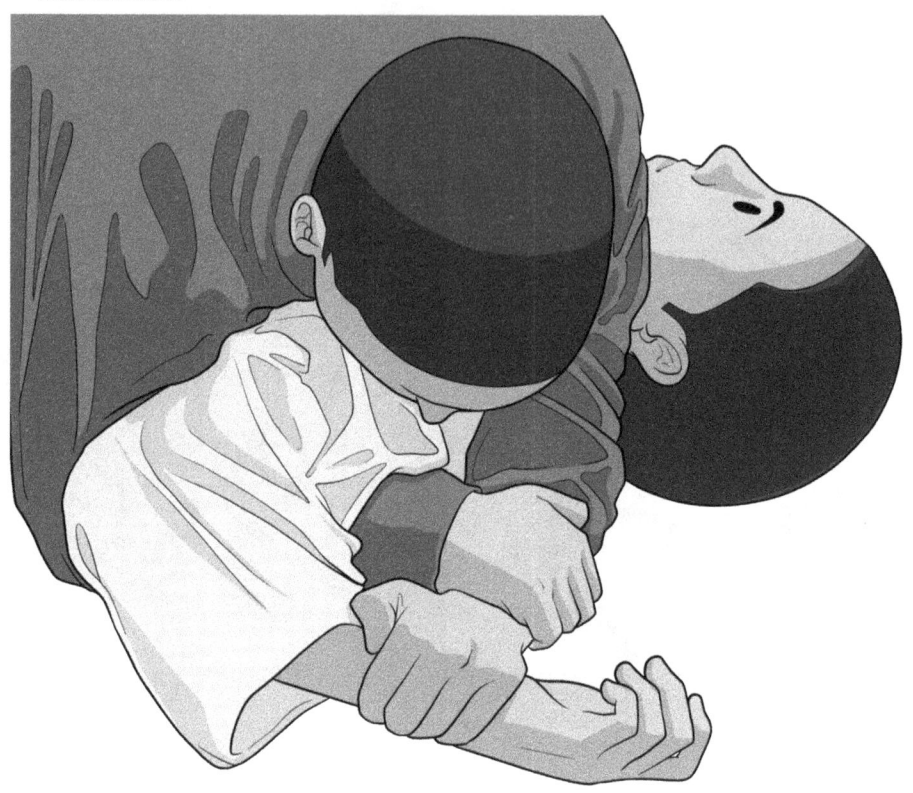

Americana

Die Americana Submission dient als Kimura, während der Arm in die entgegengesetzte Richtung gebeugt ist. Diese Form der Submission ist Kämpfern in Top-Positionen vorbehalten, insbesondere wenn man die Richtung des Arms berücksichtigt. Die Americana Submission ist effektiv, sobald du das Handgelenk deines Gegners im Figure-4-Griff hast.

Achte darauf, deinen Ellbogen zu benutzen, um den Hals deines Gegners zu fixieren, damit du dessen Ellbogen greifen kannst. Ziehe die Handflächen über die Matte in Richtung Hüfte deines Gegners.

Americana ist aus der Mount-, Top Half Guard- und Side Control-Position möglich. Es gibt keine strengen Einschränkungen, wer diese Submission anwenden darf, und Americana kann mit vielen anderen Armlocks kombiniert werden.

Squirrel Lock

Viele halten den Squirrel Lock für die hinterhältigste aller Armlock Submissions im brasilianischen Jiu-Jitsu. Du kannst mit dieser Bewegung einen Tap erzielen, indem du deine Beine einsetzt. Die Bottom Side Control verleiht ihr jedoch einen besonderen Reiz und die gesamte Submission kommt sehr unerwartet.

Die gesamte Ausführung muss erst einmal ausgetüftelt und trainiert werden. Im Grunde führst du jedoch einen Kimura aus, da du deine Beine benutzt, um den äußeren Arm des Gegners zu umschlingen und ihn von unten zu fixieren. Du kannst den gesamten Vorgang auch abschließen, indem du dich auf den Gegner rollst.

Neck Crank

Neck Crank

Der Neck Crank fällt unter die Kategorie der Spinal Locks und ist eine einfache Form der Submission. Bei dieser Technik wird der Nacken deines Gegners in eine bestimmte Richtung gebogen, wodurch Druck auf die Wirbelsäule ausgeübt wird. Diese gefährliche Bewegung kann starke Schmerzen verursachen, daher musst du besonders vorsichtig sein.

Der Neck Crank kann auf verschiedene Arten ausgeführt werden, darunter die folgenden:

- **Can Opener** – Eine Submission-Bewegung, der ein schlechter Ruf vorauseilt. Der Can Opener wird aus der Guard-Position heraus ausgeführt. Dein Ziel ist es, den Kopf deines Gegners mit beiden Händen zu umfassen, ähnlich wie beim Thai Clinch. Beuge den Nacken nach vorne und verstärke den Druck mit den Hüften.

- **Vom Mount aus:** Wenn du den Neck Crank vom Mount aus einleitest, wirst du feststellen, wie einfach und unkompliziert er auszuführen ist. Der Vorgang ist für viele recht intuitiv, da er es dir ermöglicht, einen eher seltenen Naked Choke aus dem Mount heraus auszuführen.
  - Ein Arm wird um den Kopf deines Gegners gelegt und während du den Griff fixierst, liegt deine Handfläche auf der Stirn deines Gegners. Dabei kann es zu unangenehmem Druck kommen, da du deinen Unterarm direkt auf die Wirbelsäule drücken musst.

- **Von hinten** – Du kannst den Neck Crank auch von hinten ausführen. Wenn du von hinten angreifst, gibt es viele Submission-Techniken im brasilianischen Jiu-Jitsu, die du anwenden kannst. Achte darauf, dass der Unterarm über den Kiefer geht, sodass der Kopf des Gegners zur Seite gedreht werden kann. Achte darauf, dass deine Arme in einem Handflächen-zu-Handflächen-Griff fixiert bleiben, um ein Herausziehen zu verhindern.

Hip Lock

Hip Lock

Der Hip Lock ist eine weitere Kategorie von Submission-Techniken im brasilianischen Jiu-Jitsu mit einigen Variationen.

- **Banana Split** – Diese spezielle Hip Lock-Technik kannst du einleiten, wenn du dich in der Turtle-Position befindest. Fange ein Bein deines Gegners mit deinen Beinen und Armen ein, um das andere Bein wegzuspreizen, was zu einem schmerzhaften und unangenehmen Hip Lock führt.
- **Electric Chair** – Diese Form der Submission besteht aus einer Dehnung der Leiste und einem Sweep, die du aus einer Half-Guard- und Lockdown-Position heraus einleiten kannst. Du kannst diese Submission ausführen, wenn du einen Lockdown

etablierst. Nutze deine Hände, um deinen Gegner aus dem Gleichgewicht zu bringen, und greife dann sein Bein.

Beende dies, indem du das Bein auf deiner Schulter hältst. Diese Form der Submission funktioniert nicht immer bei vielseitigen Gegnern, d. h. es besteht auch die Möglichkeit, dass dein Gegner in die Knie geht, während er die Griffe für die Einleitung der Guard-Position beibehält.

Foot Lock

Die Foot Lock Submission gibt es in einer Vielzahl von Variationen. Diejenigen, die du im brasilianischen Jiu-Jitsu verwendest, umfassen immer die folgenden:

Straight Ankle Lock

Diese Submission zielt auf die Gelenke im Knöchel und in der Achillessehne ab. Führe sie aus, indem du das Bein deines Gegners mit deinen beiden Beinen fixierst und mit deinem Arm den Fuß deines Gegners umschlingst.

Überstrecke den Fuß vom Bein weg und nach unten; dies ist möglich, wenn du den Rücken beugst. Diese vielseitige Submission ist aus zahlreichen Positionen möglich, wie z. B. aus der Guard-Position, der Back Control und dem Leg Drag Pass.

Kneebar

Die Kneebar-Submission ist besonders effektiv, wenn sie in einer bestimmten Position ausgeführt wird. Dein Ziel beim Kneebar ist es, dich auf die Hüfte deines Gegners zu setzen und seine Beine zu umfassen, bevor du auf die Seite fällst.

Diese Position bietet ausreichend Spielraum, um deine Beine zu einem Dreieck zu verschränken und dich darauf zu konzentrieren, das Bein in einen Figure-4-Griff zu bekommen. Bei korrekter Ausführung ist es möglich, das Knie deines Gegners zu brechen. Dafür streckst du deine Hüfte und drehst deine Schultern zur Decke. Beachte, dass nur Kämpfer mit Schwarz- und Braungurt die Kneebar ausführen dürfen.

Kapitel 9: Kombiniere das Gelernte: Fortgeschrittene Techniken

Nachdem du die grundlegenden Techniken für Anfänger im brasilianischen Jiu-Jitsu erlernt hast, ist es an der Zeit, zu weiter fortgeschrittenen Techniken überzugehen. Wenn du die grundlegenden Techniken des brasilianischen Jiu-Jitsus beherrschst und sie in einem Kampf gekonnt einsetzen kannst, ist es an der Zeit, über Kombinationen nachzudenken.

Ein direkter Angriff reicht möglicherweise nicht aus, insbesondere wenn es sich um einen erfahrenen Gegner handelt. Erfahrene und geschickte Gegner werden deine Absichten sofort erkennen, noch bevor du die Chance hast, eine Bewegung auszuführen und dich zu verteidigen.

Fortgeschrittene und erfahrene Kämpfer müssen Angriffe mit verschiedenen taktischen und technischen Kombinationen ausführen. Das in einem früheren Kapitel behandelte Prinzip von Aktion und Reaktion ist für den Erfolg von Angriffskombinationen von entscheidender Bedeutung. Wenn du versuchst, deinen primären oder ersten Angriff auszuführen, wird dein Gegner eine Verteidigung aufbauen, wodurch er deinem zweiten Angriff ausgesetzt ist.

Die Bedeutung des Erlernens von Kombinationen

Das ultimative Geheimnis, um ein vielseitiger Kämpfer im brasilianischen Jiu-Jitsu und allen Kampfkünsten zu werden, ist das Erlernen von Kombinationen. Dein Wissen über Schlag- und Wurfkombinationen kann einen Anfänger von einem erfahrenen und versierten Kämpfer im brasilianischen Jiu-Jitsu unterscheiden.

Kampfkunst-Neulinge, insbesondere im brasilianischen Jiu-Jitsu, müssen erst noch lernen, wie man Würfe mit einer gewissen Struktur und Geschmeidigkeit kombiniert. Alle Taktiken und Bewegungen sind noch neu, sodass es für sie schwierig ist, mehrere Taktiken zu kombinieren, während sie die Grundlagen erlernen und verstehen. Sobald du jedoch mehr Erfahrung gesammelt hast, bist du bereit für ein fortgeschritteneres Niveau, auf dem diese Kombinationen gelehrt werden.

Die Fähigkeit, Kombinationen auszuführen, ist sowohl bei Wettkämpfen als auch beim Training im brasilianischen Jiu-Jitsu von entscheidender Bedeutung. Wenn du keine Kombinationen ausführen kannst, wird es für dich schwierig sein, einen erfahrenen Gegner zu besiegen, da sich erfahrene Kämpfer gegen einen einzelnen Schlag oder Takedown, den du ausführst, verteidigen werden.

Wenn du Täuschungen, Tricks und Konter in deine Angriffe, Schläge oder Würfe integrierst, kann dies die Intensität eines Kampfes verändern. Egal wie erfahren und defensiv ein Kämpfer ist, er wird von einer Kombination aus verschiedenen Takedowns und Schlägen überwältigt sein. Der Versuch, eine Verteidigung für einen Angriff aufzubauen, kann zu einem Gegenangriff führen.

Wenn du nur gelernt hast, einzelne Jabs auszuteilen, ist es unmöglich, den Kopf eines erfahrenen Strikers zu treffen. Deine Bewegungen werden für deinen Gegner vorhersehbar sein.

Ein einzelner Angriff, der allein ausgeführt wird, ist nutzlos, wenn er gegen einen erfahrenen Gegner eingesetzt wird, und funktioniert nur, wenn man gegen einen ungeübten und unerfahrenen Gegner kämpft.

Kombinationen im brasilianischen Jiu-Jitsu

Wie du bereits festgestellt hast, ist das brasilianische Jiu-Jitsu eine Bodenkampfkunst. Diese Kampfkunst zielt darauf ab, deinen Gegner zu Boden zu bringen und ihn zur Aufgabe zu zwingen. Diese Technik wird Teil deines Repertoires, wenn der Kampf auf dem Boden stattfindet.

Ähnlich wie beim Judo konzentriert sich auch das brasilianische Jiu-Jitsu auf die Gewichtsverteilung zwischen dir und deinem Gegner. Jedes Mal, wenn dein Gegner seinen Arm oder sein Bein falsch positioniert, kannst du ihn angreifen und die falsche Position deines Gegners nutzen, um ihn mit dem Rücken auf die Matte zu zwingen.

Im brasilianischen Jiu-Jitsu werden Kombinationen ähnlich wie im Judo eingesetzt. Du kannst beispielsweise mehrere Angriffe aneinanderreihen, um deinen Gegner oder Kontrahenten aus der Guard-Position zu holen und die vollständige Kontrolle zu übernehmen.

Einige erfahrene Kämpfer im brasilianischen Jiu-Jitsu können von einem Armbar zu einem Rear-Naked Choke wechseln oder umgekehrt, wodurch sichergestellt wird, dass ihre Gegner nicht vorhersehen können, welcher Angriff als Nächstes kommt.

Wenn du viele Angriffe miteinander kombinierst, wird es deinem Gegner schwerfallen, darauf zu reagieren und sich zu verteidigen, und es wird für ihn schwierig sein, eine Verteidigung aufzubauen, die zu einer Submission führt.

Welche Kombinationen kannst du also verwenden, um ein vielseitigerer und erfahrenerer Kämpfer im brasilianischen Jiu-Jitsu zu werden? Diese Kombinationen gehören zu den besten Optionen:

Verbundene Kombinationen

Diese spezielle Kombination kann mehrere verschiedene Angriffe und Übergänge beinhalten und sich mit verschiedenen Escapes und Verteidigungen bei Submission befassen. Beginne diese Kombination in der Position Knie auf dem Bauch und erzeuge dann einen starken und stabilen Spinning Armbar.

Umfasse den Arm deines Gegners fest und achte darauf, dass du ihn nah am Körper hältst. Setze deinen Fuß nah an der Schulter deines Gegners auf. Möglicherweise versucht dein Gegner, sich während des

Übergangs in eine bessere Position zu bringen. Daher ist es wichtig, dass du nicht lockerlässt.

Drehe deinen Körper, um dich für deinen nächsten Angriff, den Kimura, den du von unten beginnst, richtig zu positionieren. Verwende diese Technik, um deinen Gegner umzudrehen, sodass er sich in einer Armbar-Position befindet.

Während du den Arm streckst, kann dein Gegner seinen Daumen nach oben strecken, um sich so aus der Armbar zu befreien. Im Grunde genommen läuft er im Kreis, während er versucht, erfolgreich zu entkommen. Lass deinen Gegner weitermachen, während du zur Omoplata übergehst, indem du deinen Winkel änderst und dein Bein durchstreckst.

Dein Gegner könnte sich möglicherweise aufrichten und sich auf die Omoplata vorbereiten, weshalb du dann zum Triangle wechseln solltest. Das Ziel dieser Technik ist es, dass du, sobald du das Gefühl hast, deine angegriffene Submission zu verlieren, zu einer neuen Submission wechseln solltest.

Um sicherzustellen, dass du mit dieser Kombination hervorragende Ergebnisse erzielst, solltest du ein Gefühl dafür bekommen, wie dein Gegner deiner Submission entkommt. Gib ihm eine kleine Chance zu entkommen, um dir eine Gelegenheit für einen weiteren Angriff zu verschaffen. So lernst du, was funktioniert und was nicht.

Kombination, sodass dein Unterkörper in Bewegung bleibt

Diese kurze Kombination ist für die Flow Drill konzipiert, kann aber sehr vielversprechende Ergebnisse liefern. Es ist eine großartige Kombination, wenn dein Gegner beim Rollen mehr Arbeit leistet als du. Beginne mit der Vorbereitung für die Ausführung des umgekehrten Heel Hooks. Sobald du beginnst, die Ferse deines Gegners zu verdrehen, halte den Griff, während er versucht, sich zu befreien.

An diesem Punkt könntest du geneigt sein, deinem Gegner zu folgen, was keine schlechte Taktik ist, wenn du dir hundertprozentig sicher bist, dass du den ersten Angriff beenden kannst. Wenn er jedoch auch nur einen halben Schritt voraus ist, wäre es am besten, ihn entkommen zu lassen, während du deine nächste Bewegung bestimmst.

Widerstehe dem Drang, die Position deiner Hüfte zu verändern, während dein Gegner um dich herumkreist, es sei denn, du führst den Kneebar-Finish aus. Wenn du den Kneebar bereits ausgeführt hast, lass deinen Partner über den Kneebar hinaus weiterkreisen oder sich weiterdrehen. Dies dient als Ausgangspunkt für den einfachen Wechsel in die 50/50-Position, mit der du den Kampf mit einem Heel Hook beenden kannst.

Guard-Passing und Submission-Angriffs-Kombination

Diese spezielle Taktik bietet dir die Möglichkeit, einen Guard-Pass oder positionsbedingten Vorstoß mit einer Submission zu kombinieren. Das Tolle an dieser Combo ist, dass sie das Niveau deiner Kampffähigkeiten auf ein völlig neues Level hebt, da es schwierig ist, einen Submission-Angriff und einen Guard-Pass gleichzeitig abzuwehren.

Es kann sogar sein, dass es deinem Gegner schwerfällt, sich zu verteidigen, wenn du diese Bewegungen nacheinander ausführst. Sobald er den ersten Angriff abgewehrt hat, gehst du bereits zum nächsten Angriff über, sodass es für ihn schwierig ist, mitzuhalten.

Für diese spezielle Technik beginnst du mit einem Knee-Cut Guard Pass. Der Schlüssel zum schnellen Beenden des Passes ist die häufige Verwendung des Unders Hook. Wenn dein Gegner jedoch während des Unders Hook-Kampfes immer noch triumphiert, kannst du einen Schritt zurücktreten und eine solide Kneebar-Attacke ausführen.

Warte, bis dein Gegner seine Beine zu einem Triangle Choke bringt, um sich gegen die Kneebar zu verteidigen, und führe dann einen Slide aus, um den Kampf mit einer Straight Ankle Lock Submission zu beenden.

Guard zu Triangle Choke

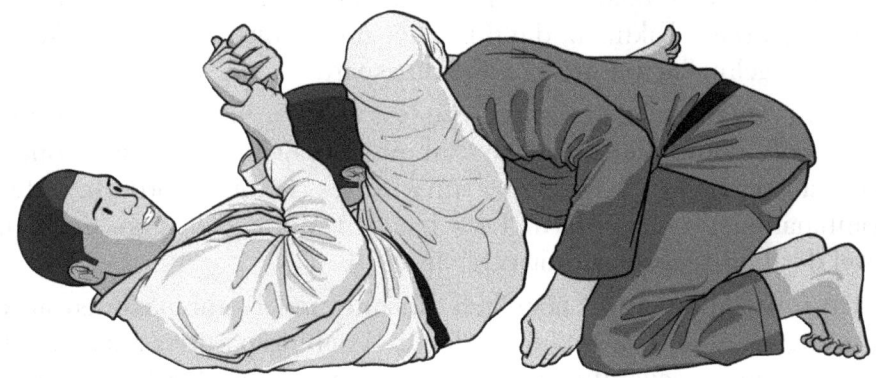

Guard-Position zum Triangle Choke

Wenn du nach einer angesagten Technik suchst, ist der Triangle Choke aus jeder Form der Guard-Position die beste Bewegung. Der

Triangle Choke ist im brasilianischen Jiu-Jitsu extrem beliebt, da ihn jeder Kämpfer zu verwenden scheint, vom Weiß- bis zum Schwarzgurt. Der Triangle Choke ist eine unverzichtbare Technik im MMA und anderen globalen Wettbewerben für Gi und No-Gi.

Um diese Kombination auszuführen, greife deinen Gegner mit beiden Beinen und von unten an. Diese spezielle Technik ist besonders effektiv, wenn dein Gegner größer ist als du. In diesem Fall kann es schwierig sein, die Positionen umzudrehen und dich selbst in die obere Position zu bringen.

Beginne mit einer beliebigen Guard-Position und bereite den Triangle Choke entsprechend vor. Stelle jedoch sicher, dass du mit den Mechanismen der von dir gewählten Guard-Position vertraut bist. Du musst verschiedene Möglichkeiten studieren, um die Guard-Position perfekt zu beherrschen.

Achte auch darauf, den Triangle Choke nicht für einen Angriff zu verwenden, wenn dein Gegner bereits eine gute Position und Haltung eingenommen hat. Deine Gewinnchancen sinken, da eine hervorragende Haltung die zuverlässigste Position für die Verteidigung mit dem Triangle Choke ist.

Hol das Beste aus den Kombinationen heraus

Experten und Koryphäen des brasilianischen Jiu-Jitsus sind sich einig, dass Teilnehmer nur durch die Verwendung von Sequenzen und Kombinationen exponentiell wachsen können. Sobald du dich auf mittlerem Niveau bewegst und die Grundlagen erlernst, suche nach Sequenzen oder Taktiken, die du sicher und bequem ausführen kannst. Übe sie regelmäßig mit deinem Trainingspartner.

Es ist auch wichtig, dynamische Partner zu finden, insbesondere solche, die deine Versuche zur Submission nicht abwehren, sondern sich ausreichend bewegen, um dich herauszufordern, deine Kombinationen zu meistern. Dies hat den Vorteil, dass du ein neues Level der Leistungssteigerung erreichst.

Du musst die von dir erstellten Abläufe und Kombinationen an die Anstrengungen und Bewegungen deines Trainingspartners anpassen. Du wirst gezwungen sein zu verstehen, wann und wie du bei Bedarf andere Taktiken einsetzt. Dies ist der Schlüssel zur Stärkung und Festigung deiner bereits zunehmenden Fähigkeiten im brasilianischen Jiu-Jitsu.

Kapitel 10: Gewichtsdruck und Energiekontrolle

Druck ist ein weiterer wichtiger Aspekt und ein Konzept, das man im brasilianischen Jiu-Jitsu beherrschen muss. Schon in den ersten Phasen deines Anfängertrainings im brasilianischen Jiu-Jitsu wirst du feststellen, dass Druck deine Grappling-Fähigkeiten erheblich verbessern kann.

Durch das Ausüben von Druck in einer Trainingseinheit oder einem Kampf kannst du die andere Person über einen längeren Zeitraum am Boden halten, was zu einer Submission führt. Druck muss auch immer dann ausgeübt werden, wenn du die Guard-Position überwinden oder bestimmte Bewegungen und Positionen ausführen willst. Druck ist auch erforderlich, um die Effektivität deiner Submissions von oben zu verbessern.

Arten von Druck im brasilianischen Jiu-Jitsu

Im brasilianischen Jiu-Jitsu bedeutet der Begriff Druck mehr als nur das Konzept des Gewichts oder wie schwer ein Gegner ist. In den meisten Fällen geht es um kontrollierte Griffe und die spezifische Art und Weise, wie du diese Griffe halten kannst.

Druck ermöglicht es dir auch, die Kontrolle zu behalten, wenn du wichtige Positionen ausführst, einschließlich Mount, Back Mount und Side Control. Dieser Druck tritt in drei Formen auf.

Gewichtsverteilung

Ein Bereich, auf den du dich beim brasilianischen Jiu-Jitsu konzentrieren musst, ist die Gewichtsverteilung, ein wesentliches Element oder Konzept des brasilianischen Jiu-Jitsus, das auch als Druck bezeichnet wird. Im Gegensatz zu Geschwindigkeit und Kraft, die mit zunehmendem Alter nachlassen, lassen deine Fähigkeiten, dein Gewicht zu deinem Vorteil zu nutzen, nicht nach.

Hierbei geht es darum, dass du dein Gewicht richtig einsetzen musst, um weniger Energie zu verbrauchen, während dein Gegner Gefahr läuft, sich mehr zu verausgaben. Der richtige Einsatz deines Gewichts führt dazu, dass ein Gegner mit niedrigerem Gürtel schneller ermüdet. Wenn du andererseits gegen einen Kämpfer mit höherem Gürtel kämpfst, kannst du dein Gewicht einsetzen, um ihn zu behindern.

Beachte, dass du bei Kämpfen gegen Kämpfer mit höherem Gürtel mehr Zeit benötigst, um zu lernen, wie du dein Gewicht am besten einsetzen kannst, aber mit ständigem Üben wirst du es schließlich verstehen.

Zum Beispiel: Wenn du die obere Position einnimmst, eliminiere schnell die Kontaktpunkte, die dein Gegner mit dem Boden hat. Zu diesen Kontaktpunkten gehören die Schultern, der Hinterkopf deines Gegners und die Ellbogen.

Dies kann deinen Gegner dazu zwingen, dein Gewicht auf dem weichen Mittelteil zu tragen, und der auf diesen Bereich ausgeübte Druck kann seine Atmung stark beeinträchtigen. Beachte außerdem Folgendes, um sicherzustellen, dass du die Gewichtsverteilung zu deinem Vorteil nutzt:

- **Gewicht oben** – Back Mount, Side Control, Guard-Passing, Mount
- **Gewicht unten** – Closed Guard. Es wird dringend empfohlen, das Gewicht beider Beine konsequent auf dem Rücken deines Gegners zu verlagern und dabei sicherzustellen, dass der Winkel stimmt.
- **Winkel anpassen** – Ein richtiger Winkel zu deinem Gegner sorgt dafür, dass du für ihn schwerer wirkst, weil er sich unwohl fühlt.
- **Gewicht verlagern** – Hüften heben, Hüften senken, rotieren

Ein Zeichen dafür, dass du dein Gewicht richtig verteilst, ist, wenn du nur minimalen Halt und Druck ausübst, d. h. du verbrauchst nur minimale Energie, während dein Gegner einen höheren Energieaufwand hat.

Eine weitere Möglichkeit, dein Gewicht besser einzusetzen, besteht darin, deine Bewegungen zu verringern und stattdessen die Schwerkraft zu nutzen. Dein Gegner wird sich fühlen, als läge er unter einer schweren nassen Decke oder als würde er in Zement versinken.

Es ist wichtig, sich bei der Verteidigung des Gewichts auf die Atmung zu konzentrieren. Darüber hinaus solltest du dich auf eine optimale Körperhaltung konzentrieren, indem du darauf achtest, dass deine Knie unterhalb deiner Taille bleiben. So verhinderst du, dass dein Gewicht eine Rippe zerquetscht oder dein Bein nach innen rotiert und die Kniebänder beschädigt werden.

Pain Compliance Pressure

Pain Compliance Pressure wird oft beim Catch Wrestling eingesetzt, aber auch beim Jiu-Jitsu und beim Grappling. Er wird als Mittel eingesetzt, um schnelle Stellungswechsel und Reaktionen zu erzwingen und so eine Submission zu erreichen.

Das Tolle am Pain Compliance Pressure ist, dass er bei deinen Gegnern deutliche und schnelle Reaktionen hervorrufen kann. Dein Gegner wird in Panik geraten, springen oder sogar zusammenzucken, und das sind die Reaktionen, die du dir von diesem Druck erhoffst.

Allerdings ist der Pain Compliance Pressure nicht wirksam, wenn er gegen einen Gegner mit einem höheren Gürtel oder Rang angewendet wird, da die meisten hochrangigen und fortgeschrittenen Kämpfer bereits gelernt haben, sich in unangenehmen Situationen sicher zu fühlen.

Dennoch kannst du den Pain Compliance Pressure bei den folgenden Techniken mit dem richtigen Gegner anwenden.

- **Sawing** – Bei dieser Technik wird der Ellenbogen verwendet, um Druck auf die Druckpunkte deines Gegners auszuüben. Dies kann der vordere Deltamuskel oder der Kiefer sein.
- **Schulterdruck** – Wende den Schulterdruck an, beginnend mit der Side Control, und quetsche den Kiefer deines Gegners oder führe einen Würgegriff aus, was zu einer schnellen Reaktion deines Gegners führt.

- **Muffler** – Bei dieser Technik werden die Atemwege eingeschränkt. Diese Technik fällt unter die Kategorie Pain Compliance Pressure, da sie eine Schmerzreaktion beim Gegner auslösen kann.
- **Knie auf Bauch oder Hals** – Diese Technik gehört ebenfalls zum Druck durch Gewichtsverlagerung. Das Knie übt Druck auf den Hals oder den Bauch des Gegners aus und löst so heftige Reaktionen aus.

Bevor du Pain Compliance Pressure anwendest, solltest du daran denken, dass du nicht erwarten kannst, dass die Technik bei fortgeschrittenen Kämpfern im brasilianischen Jiu-Jitsu funktioniert. Deshalb musst du dich auf diese Drucktaktiken vorbereiten, bevor du sie anwendest. Durch regelmäßiges Üben wirst du die Anwendung von Pain Compliance Pressure-Taktiken für Kämpfe, Turniere und Selbstverteidigung effektiv beherrschen.

Panic Pressure

Die letzte Art von Druck, die du im brasilianischen Jiu-Jitsu anwenden kannst, ist Panic Pressure. Du wirst diese Art von Druck höchstwahrscheinlich verspüren, wenn du dich in den frühen Phasen deines Trainings befindest. Deine Panik kann auf die Sorge zurückzuführen sein, dass du ständig in schlechten Positionen landest, wodurch du nicht richtig atmest oder klar denkst. Schlimmer noch, du wirst immer denken, dass du Gefahr läufst, dich deinem Gegner zu unterwerfen.

Nach viel Übung und mehr Wissen und Fähigkeiten wird jedoch alles weniger stressig. Du wirst lernen, das panische Gefühl zu nutzen, um mit deinem Gegner umzugehen.

Sobald du ein höheres Level erreichst, kannst du bei einem Kämpfer mit niedrigerem Gürtel Panik auslösen, indem du Panic Pressure anwendest, wenn du dich in einer dominanten Position befindest. Dein Ziel ist es, deinen Gegner so zu kontrollieren, dass er das Gefühl hat, es gäbe kein Entkommen.

Du kannst diese Taktik mit Position Control beginnen – indem du die Position kontrollierst und dominierst und so jede mögliche Fluchtmöglichkeit verhinderst. Wenn deine beabsichtigten Submissions noch nicht verfügbar sind und dein Gegner noch voller Energie und Vitalität ist, stoppe seine Fluchtmöglichkeiten, indem du dich mehr darauf konzentrierst, seine Bewegungen zu kontern. Das wird ihn so frustrieren, dass er in Panik gerät.

Wenn du vermutest, dass dein Gegner an diesem Punkt ist, versuche es mit einigen Untergriffen. Kontrolliere die Position und schränke die Bewegungsfreiheit deines Gegners ein, indem du sein Bein, seinen Hals oder seinen Arm fixierst, um eine Panik- oder Frustrationsreaktion hervorzurufen. Dein Gegner wird das Gefühl haben, in die Ecke gedrängt zu werden und keine andere Wahl zu haben, als sich zu ergeben.

Energiemanagement und seine Bedeutung im brasilianischen Jiu-Jitsu

Unter den vielen grundlegenden Prinzipien des brasilianischen Jiu-Jitsus nimmt das Energiemanagement einen wichtigen Stellenwert ein. Viele Kämpfer übersehen das Energiemanagement und erkennen nicht, wie wichtig es für den Sieg in einem Kampf ist. Stell dir vor, was mit dir während eines Kampfes passiert, wenn du zuerst erschöpft bist. Du wirst wahrscheinlich verlieren, weil du nicht mehr die Energie hast, weiterzukämpfen.

Du musst lernen, deine Energie richtig zu verwalten, denn beim brasilianischen Jiu-Jitsu ist eine hohe Ausdauer entscheidend und gibt dir ein überlegenes Maß an Kontrolle im Kampf. Dein Ziel ist es, im Kampf nie die Kraft zu verlieren. Mit einem hervorragenden Energiemanagement wirst du dich durchsetzen und deinen Gegner überdauern.

Ein gesunder Lebensstil und ein tägliches Trainingsprogramm sorgen dafür, dass du deine Energie auch bei hoher Belastung richtig einteilst. Dein Ziel ist es, in Topform und körperlich fit zu sein, um einen schnellen Energieverlust zu vermeiden.

Wie kannst du während deiner Kämpfe ein Maximum an Energie aufrechterhalten?

Hier sind einige Möglichkeiten, wie du sicherstellen kannst, dass dein Energielevel während deiner Kämpfe auf konstant hohem Niveau bleibt und deine Erfolgschancen steigen.

Richtig atmen

Beim brasilianischen Jiu-Jitsu geht es bei der richtigen Atmung darum, die Luft durch die Nase oder den Mund herauszudrücken, anstatt sie einzusaugen. Beachte, dass das Einatmen nach einer vollständigen Ausatmung ganz natürlich erfolgt, sodass es nicht notwendig ist, die Luft erneut einzusaugen.

Ein weiterer Tipp für die richtige Atmung ist, bei jedem Ausatmen Geräusche zu erzeugen. Auf diese Weise hörst du, wie du ausatmest, bis du dich schließlich daran gewöhnst.

Das Ziel dieser Übung ist es, dass du deine Atmung während des gesamten Kampfes überwachst. Atme durch die Nase ein und nutze dein Zwerchfell zum Atmen, anstatt den oberen Teil deiner Lunge.

Entwickle die richtige Einstellung

Wenn du die richtige Atmung beherrschst und deinen Atem effektiv kontrollieren kannst, wirst du feststellen, dass du auch deine Gedanken leicht kontrollieren kannst. Bei einem Kampf trägt deine Einstellung auch zu deinem Energieniveau bei. Das Ziel ist es, auch unter Druck ruhig zu bleiben, da du sonst Gefahr läufst, deine Energie zu schnell zu verlieren.

Eine Möglichkeit, während eines Kampfes ruhig zu bleiben, besteht darin, sich auf die Atemmuster zu konzentrieren, z. B. über einen längeren Zeitraum mehr auszuatmen. Lerne auch, deine Emotionen wie Aufregung, Angst und Furcht zu kontrollieren. Unabhängig von deinem Niveau im brasilianischen Jiu-Jitsu besteht jedoch immer noch das Risiko, dass du mindestens eine der oben genannten Emotionen verspürst.

Wenn du deine Emotionen nicht kontrollieren und zu deinem besten Vorteil nutzen kannst, läufst du Gefahr, deine Position zu verlieren, nicht klar über deine nächste Bewegung nachzudenken und in die Submission zu fallen. Denke daran, dass diese Emotionen in deinem Kopf entstehen, weshalb du während deiner Kämpfe die richtige Einstellung entwickeln musst.

Wenn du dich in einem Kampf im Hier und Jetzt befindest, stellst du sicher, dass dein Geist auf dein Ziel fokussiert bleibt und du klügere Entscheidungen treffen kannst. Außerdem hilft es dir, deine Emotionen zu kontrollieren, und verhindert, dass du an Energie verlierst, was dazu führen kann, dass selbst ein kleiner Fehler deine Kampferfolge gefährdet.

Kapitel 11: Brasilianisches Jiu-Jitsu und japanisches Jiu-Jitsu im Vergleich

Ein weit verbreitetes Missverständnis in Bezug auf Jiu-Jitsu ist, dass die brasilianische und die japanische Variante gleich sind; das kann leicht zu Verwirrung führen. Es gibt zwar Ähnlichkeiten in der Geschichte, Herkunft und den Techniken, aber auch einige Unterschiede.

In diesem Kapitel werden die Gemeinsamkeiten und Unterschiede zwischen dem brasilianischen und dem japanischen Jiu-Jitsu erläutert, damit du die Gründe für die einzelnen Missverständnisse kennenlernst. Wenn du die jeweiligen Fakten kennst, kannst du auch besser entscheiden, welche Art von Jiu-Jitsu am besten zu dir passt.

Die Gemeinsamkeiten

Die erste Gemeinsamkeit zwischen japanischem und brasilianischem Jiu-Jitsu ist, dass beide Disziplinen eng mit Judo verwandt sind. Wenn du mit Kodokan-Judo vertraut bist, wirst du feststellen, dass es sich um eine modifizierte Variante des traditionellen japanischen Jiu-Jitsus handelt.

Die Entstehung des brasilianischen Jiu-Jitsus ist auf den Wissensschatz des Kodokan-Judo zurückzuführen, sodass man davon ausgehen kann, dass japanisches Jiu-Jitsu und brasilianisches Jiu-Jitsu in einer indirekten Beziehung zueinanderstehen.

Abgesehen von ihrer indirekten Beziehung, was den Ursprung betrifft, gibt es Ähnlichkeiten bei einigen Techniken, nämlich Pins, Leg Locks, Armlocks, Chokeholds und Manöver an den Gelenken.

Eine weitere Gemeinsamkeit besteht darin, dass beide Kampfsportarten für Teilnehmer unabhängig von ihrer Größe und körperlichen Statur konzipiert sind. Beide sind so ausgelegt, dass kleinere Teilnehmer gegen stärkere und größere Gegner antreten können. Die Fähigkeiten und Kenntnisse, die man im Rahmen beider Kampfsportarten erwerben kann, sind nützlich für Selbstverteidigung, Kampf und Wettkämpfe.

Die Unterschiede

Das brasilianische Jiu-Jitsu und das japanische Jiu-Jitsu unterscheiden sich in vielen wichtigen Bereichen.

Die Geschichte

Ein wichtiger Bereich, in dem sich die beiden stark unterscheiden, ist ihre Geschichte. Das japanische Jiu-Jitsu kam zuerst und gilt sogar als die älteste Form der Kampfkunst mit Wurzeln, die von 780 n. Chr. bis 1200 n. Chr. zurückreichen. Im frühen 14. Jahrhundert nutzten viele das japanische Jiu-Jitsu, um sich auf dem Schlachtfeld vor schwer gepanzerten und bewaffneten Gegnern zu schützen.

Während der Edo-Zeit im 17. Jahrhundert in Japan wurden Jiu-Jitsu und andere Formen des Nahkampfs populär. In dieser Zeit wurden auch Grappling-Künste unter dem Begriff Jiu-Jitsu zusammengefasst.

Im späteren 19. Jahrhundert nahm Jigoro Kano, ein Anhänger des Jiu-Jitsus, einige Änderungen an der Kunst vor und konzentrierte sich mehr auf Submissions. Er nannte diese neue Kunst Kodokan Judo und begann, sie im Kodokan-Institut in Tokio zu unterrichten. Dies führte zur Geburt des modernen Judo oder des japanischen Jiu-Jitsus.

Die Geschichte des brasilianischen Jiu-Jitsus ist eine ganz andere. Wie in einem früheren Kapitel besprochen, begann die Geschichte des brasilianischen Jiu-Jitsus nach der Entstehung des Judo, insbesondere als Judo-Experten begannen, um die Welt zu reisen.

Einige von ihnen fanden sich in Brasilien wieder, wo sie die Kunst vorstellten – einer von ihnen war Mitsuyo Maeda, ein Judo-Experte, Meister und Preiskämpfer. Maeda reiste in den Zwanziger- und Dreißigerjahren durch Brasilien und forderte viele Kämpfer anderer Kampfkünste heraus. Schließlich kreuzten sich die Wege von Maeda und Carlos Gracie, was zur Geburt des brasilianischen Jiu-Jitsus führte.

Die Regeln

Das brasilianische Jiu-Jitsu und das japanische Jiu-Jitsu unterscheiden sich erheblich in ihren Regeln. Das japanische Jiu-Jitsu ist weniger streng und hat nicht die starke sportliche Komponente, die das brasilianische Jiu-Jitsu hat, wie die weltweit ausgetragenen Wettkämpfe zeigen.

Was die eigentlichen Regeln betrifft, beginnen Wettkämpfe im brasilianischen Jiu-Jitsu im Stehen. Die Kämpfer versuchen, sich gegenseitig zu Boden zu bringen oder direkt in die Guard-Position zu gelangen, die auch als Pulling Guard bezeichnet wird. Wenn der Kampf zu Boden geht, versuchen sie, ihren Gegner durch Grappling zur Aufgabe zu zwingen oder in eine dominantere Position zu gelangen, um mehr Punkte zu erhalten.

Der Kämpfer, dem es gelingt, seinen Gegner zur Submission zu zwingen, geht sofort als Sieger hervor. Bei einer erfolglosen Submission entscheiden die von jedem Kämpfer erzielten Punkte über den Sieger des Kampfes.

- 2 Punkte für Takedowns
- 3 Punkte für einen Guard-Pass
- 2 Punkte für die Knie-auf-Bauch-Position
- 4 Punkte für Mount
- 4 Punkte für Back Control
- 2 Punkte für Sweeps

Mehrere Organisationen für brasilianisches Jiu-Jitsu veranstalten jedes Jahr Wettkämpfe für diese Kampfkunst, und jede Organisation hat möglicherweise ihre eigenen Regeln, aber es ist sehr wahrscheinlich, dass die Regeln größtenteils ähnlich sind.

Traditionelles japanisches Jiu-Jitsu hat kein derart solides und starkes Umfeld für Sportwettkämpfe wie das brasilianische Jiu-Jitsu. Dennoch gibt es moderne Ableger davon, darunter die JJIF (Jiu-Jitsu International Federation). Die von der JJIF veranstalteten Wettkämpfe umfassen drei Disziplinen: Duo, Fighting und Ne-Waza.

- **Duo** – Zwei Kämpfer müssen Selbstverteidigungstaktiken anwenden, die zufällig auf den Anweisungen des Schiedsrichters basieren. Zu den Beurteilungskriterien gehören unter anderem Kontrolle, Realitätsnähe und Kraft.

- **Fighting** – Dies ist ein dreiteiliger Wettbewerb, bei dem in der Anfangsphase des Kampfes Schläge eingesetzt werden. Sobald ein Kämpfer den anderen festhält, dürfen keine Schläge mehr eingesetzt werden. Ab diesem Zeitpunkt ist das Ziel der Kämpfer, sich gegenseitig zu Boden zu bringen.

Wenn der Kampf zu Boden geht, versuchen die Teilnehmer, einander durch Würgen oder Grifftechniken zur Aufgabe zu zwingen. Dieser Wettkampf wird nach einem Punktesystem bewertet, bei dem die Teilnehmer während des gesamten Kampfes Punkte für ihre Techniken erhalten.

- **Ne-Waza** – Die letzte Variante ist dem Kampf oder Wettbewerb im brasilianischen Jiu-Jitsu sehr ähnlich. Dabei treten zwei Kämpfer zunächst im Stehen gegeneinander an, wobei Schläge nicht erlaubt sind.

Das Ziel der Teilnehmer besteht darin, ihren Gegner zu Boden zu bringen und ihn durch Würgen oder den Einsatz von Hebelgriffen zur Aufgabe zu zwingen. Die Teilnehmer erhalten auch Punkte für dominante Positionen, Würfe und Takedowns.

Stufen und Gürtel

Das brasilianische Jiu-Jitsu und das japanische Jiu-Jitsu unterscheiden sich auch in den Gürteln und darin, wie man in den Leistungsstufen aufsteigt. Das brasilianische Jiu-Jitsu verwendet ein Gurtsystem, das aus acht Gürteln besteht.

- Weiß für diejenigen, die noch die Grundlagen erlernen
- Blau für technische Fertigkeiten
- Lila für Spieldynamik, Experimentierfreude und Submissions
- Braun für konzeptionelles Denken, Schwächen ausgleichen und Fallen stellen
- Schwarz für Reflexion, Lehren und Neuanfang
- Rot und Schwarz für den schwarzen Gürtel siebten Grades
- Rot und Weiß für den schwarzen Gürtel achten Grades
- Rot für den schwarzen Gürtel neunten und zehnten Grades

Jeder Gürtel unterhalb des schwarzen Gürtels hat vier Streifen, die das jeweilige Können innerhalb eines bestimmten Gürtels anzeigen. Der

Ausbilder ist befugt, Streifen und Gürtelbeförderungen zu gewähren. Beachte auch, dass jede Schule ihre eigenen Regeln und Richtlinien für die Leistung von Schülern des brasilianischen Jiu-Jitsus hat.

Einige Schulen verwenden ein Graduierungssystem für die Vergabe von Streifen oder Gürteln an ihre Schüler. Die erreichten Graduierungen basieren auf den gezeigten Sparrings und Techniken. Andere Schulen verlassen sich bei Entscheidungen über Leistungssteigerungen und Aufstiege vollständig auf ihre Ausbilder. Du kannst dir also einen neuen Gürtel verdienen, basierend auf deiner Leistung in Kombination mit technischem Wissen, Zeit oder Geschwindigkeit und Sparringsfertigkeiten.

Japanisches Jiu-Jitsu folgt einem anderen Gurtsystem, das von der Schule abhängt, in der du Unterricht nimmst.

- Weiß
- Gelb
- Orange
- Grün
- Blau
- Violett
- Braun
- Schwarz

Einige Schulen bieten Anfängern einen roten Gürtel an, bevor sie den weißen Gürtel erhalten. Andere Schulen wiederum bieten Zwischenstufen an. Die meisten Jiu-Jitsu-Schulen verlangen von ihren Schülern, dass sie am formellen Graduierungssystem teilnehmen, um den nächsthöheren Gürtel zu erhalten. Die Schule legt fest, welche spezifischen Techniken du erlernen musst.

Beispielsweise verlangen Schulen wie die World Ju-Jitsu Federation in Irland von ihren Schülern, dass sie eine bestimmte Anzahl von Taktiken, einige japanische Begriffe und etwas über Anatomie lernen und vorführen.

Uniform

Bei beiden Kampfsportarten tragen die Teilnehmer dieselbe Uniform, den Jiu-Jitsu-Gi. Diese Uniformen unterscheiden sich jedoch im Gewicht. Der im brasilianischen Jiu-Jitsu verwendete Gi ist in der

Regel schwerer als der im Karate verwendete, während der japanische Jiu-Jitsu Gi leichter ist.

Abgesehen von der Kleidung (Gi) müssen BJJ-Schüler auch einen Mundschutz tragen. Japanische Jiu-Jitsu-Schüler müssen einen Tiefschutz tragen, um sich vor Verletzungen durch Schläge zu schützen.

Wichtige technische und taktische Unterschiede

Der Schwerpunkt des brasilianischen Jiu-Jitsus liegt auf Grappling und Bodenkampf. BJJ-Teilnehmer setzen Würgegriffe, Joint Locks und Chokes ein, um ihre Gegner zur Aufgabe zu zwingen. Beim japanischen Jiu-Jitsu liegt der Fokus auf Joint Manipulation, Schlägen, Blocks, Würgegriffen, Chokes und dem Werfen von Gegnern.

Beim brasilianischen Jiu-Jitsu werden Takedowns eingesetzt, um den Gegner zu Boden zu bringen. Der Fokus liegt auf der Etablierung dominanter Positionen, um die Gegner zu kontrollieren und zur Aufgabe zu zwingen.

Eine der markantesten Positionen im brasilianischen Jiu-Jitsu ist die Guard-Position. Dabei handelt es sich um einen Überbegriff für verschiedene Positionen, bei denen die Teilnehmer auf dem Gesäß oder dem Rücken liegen und ihre Beine defensiv um oder vor ihren Gegnern positionieren. Viele der potenziellen Techniken im brasilianischen Jiu-Jitsu werden eingesetzt, um Gegner zur Aufgabe zu zwingen, Positionen einzunehmen und aus Positionen zu entkommen.

Beim japanischen Jiu-Jitsu lernen die Teilnehmer, sich auf verschiedene Weise gegen einen Angreifer zu verteidigen. Es werden Techniken für Submission oder Schläge gelehrt, um Angreifer kampfunfähig zu machen. Das Üben dieser Techniken beinhaltet auch das Sparring mit einem Partner in verschiedenen Szenarien, um die ersten Schläge eines Angreifers zu blockieren und Joint Locks auszuführen. Es ist dem brasilianischen Jiu-Jitsu recht ähnlich, da es sich auch auf Selbstverteidigung konzentriert.

Brasilianisches und japanisches Jiu-Jitsu – die Vor- und Nachteile

Bevor du dich für brasilianisches oder japanisches Jiu-Jitsu entscheidest, solltest du dir unbedingt über die Vor- und Nachteile im Klaren sein.

Nur wenn du die einzigartigen Stärken und Schwächen dieser beiden Kampfsportarten kennst, kannst du entscheiden, welche davon am besten zu dir passt.

Vor- und Nachteile des brasilianischen Jiu-Jitsus

Ein wesentlicher Vorteil des brasilianischen Jiu-Jitsus besteht darin, dass es schneller und körperlich anspruchsvoller ist als das japanische Jiu-Jitsu. Wenn du ein anspruchsvolles Training suchst, ist brasilianisches Jiu-Jitsu die richtige Wahl. Mit dem, was du in dieser Kampfkunst lernst, einschließlich grundlegender Techniken, wirst du in Wettkämpfen und Kämpfen versierter sein.

Deine verbesserten Fähigkeiten im brasilianischen Jiu-Jitsu ermöglichen dir die Teilnahme an Wettkämpfen und hochkarätigen Trainings als Partner und am wettkampforientierten Sparring. Brasilianisches Jiu-Jitsu eignet sich auch hervorragend zur Selbstverteidigung.

Es lehrt dich, wie du bestimmte Techniken anwenden kannst, wenn du dich in einer Selbstverteidigungssituation befindest. Viele grundlegende Techniken im brasilianischen Jiu-Jitsu, darunter Befreiungen, Back Takes und Takedowns, sind äußerst nützlich, um deine Gegner oder Angreifer zu bändigen.

Allerdings hat das brasilianische Jiu-Jitsu auch seine Schwächen. Zum einen werden keine Schläge ausgeführt, was bei der Selbstverteidigung sehr nützlich ist. Beim brasilianischen Jiu-Jitsu wird außerdem der Schwerpunkt darauf gelegt, den Schülern das Kämpfen am Boden beizubringen, und in einigen Fällen werden Takedowns ignoriert.

Vor- und Nachteile des japanischen Jiu-Jitsus

Ein Vorteil des japanischen Jiu-Jitsus ist, dass es dir eine Vielzahl von Fähigkeiten und Techniken zur Selbstverteidigung vermittelt. In einigen Fällen ähnelt das Training realen Kampfszenarien, aber es bereitet dich nicht auf die Teilnahme an Wettkämpfen vor.

Außerdem wirst du durch deine Entscheidung, japanisches Jiu-Jitsu zu lernen, mit wertvollen Techniken vertraut gemacht, die du bei Kämpfen und gegen Angreifer einsetzen kannst, darunter Schläge, Würfe und zugrundeliegende Taktiken.

Es hat jedoch auch seine Schwächen. Eine davon ist, dass es kein Sparring-Training gibt, so wie es oft in Kursen für brasilianisches Jiu-Jitsu angeboten wird. Außerdem liegt der Schwerpunkt eher auf Teilnehmern mit geringem Trainingsniveau, weshalb die Bewegungen ruhiger und kontrollierter sind als beim brasilianischen Jiu-Jitsu.

Abgesehen davon bietet das japanische Jiu-Jitsu nicht viele Möglichkeiten für Wettkämpfe, sodass es möglicherweise nicht geeignet ist, wenn du gerne an offiziellen Kämpfen und Wettbewerben teilnehmen möchtest.

Kapitel 12: Tägliche Übungen im brasilianischen Jiu-Jitsu

Möchtest du zu den führenden Experten und Meistern im brasilianischen Jiu-Jitsu gehören? Dann musst du dich genau wie die anderen, die diese Form der Kampfkunst bereits beherrschen, anstrengen und endlose Stunden mit dem Training verbringen. Nicht nur die Anstrengung bringt dich deinem Ziel, das brasilianische Jiu-Jitsu zu beherrschen, näher, sondern auch deine Beständigkeit und dein Engagement.

Die gute Nachricht ist, dass jeder diese Kampfkunst meistern kann, vorausgesetzt, man ist hartnäckig und engagiert genug. Eine Möglichkeit, sich in diesem Bereich zu verbessern, besteht darin, sich regelmäßig im brasilianischen Jiu-Jitsu zu üben. Durch die Übungen, die du zu Hause durchführst, wirst du die ungewohnten Bewegungen verinnerlichen.

Ein tägliches Trainingsprogramm ist wie das Schärfen deines Schwertes. Wenn du dies jeden Tag machst, verbesserst du die Flexibilität deines Körpers, wirst weniger verspannt, sorgst für fließende Bewegungen und kannst deine Techniken problemlos ausführen.

Deine täglichen BJJ-Übungen machen dich auch weniger anfällig für Verletzungen während eines Kampfes. Dieses Bonuskapitel, informiert dich über die besten BJJ-Übungen, mit denen du dein tägliches Training und deine Praxis beginnen kannst, unabhängig davon, wo du dich befindest.

Verwende sie, um brasilianisches Jiu-Jitsu auf eigene Faust zu lernen, oder kombiniere sie mit deinen eigentlichen Kursen, um deine Fachkenntnisse und dein Wissen weiter zu verbessern.

Was sind brasilianische Jiu-Jitsu-Drills?

Unter brasilianischen Jiu-Jitsu-Drills versteht man eine Bewegung oder eine Reihe von Bewegungen, die einen tatsächlichen Kampf oder eine Sparringsrunde im brasilianischen Jiu-Jitsu nachahmen. Einige der Übungen können allein durchgeführt werden, andere erfordern einen Partner. Wenn du brasilianische Jiu-Jitsu-Drills ausführst, übe die spezifische Technik, um jede noch so kleine Komponente deines Kampfstils zu verfeinern. Die Übungen sind nützlich, um die generellen Bewegungsabläufe zu verbessern, die du in verschiedenen Positionen während des Sparrings anwenden kannst.

Soloeinheiten für brasilianisches Jiu-Jitsu

Wie bereits erwähnt, sind Solo-BJJ-Übungen solche, die du allein machen kannst. Hier sind einige Beispiele.

Shrimping

Eine grundlegende Bewegung im brasilianischen Jiu-Jitsu, die du während des Trainings oder im Unterricht lernen wirst, ist das Shrimping. Es sollte Teil deiner täglichen BJJ-Übungen sein, da du mit dieser Bewegung leicht aus einer schlechten oder unerwünschten Position entkommen kannst, z. B. unter einem Mount oder Side Control.

Stelle ein Bein auf und rutsche dann mit dem Po zur Seite. Setze beide Hände ein, um die Bewegung zu erleichtern und hervorragende Ergebnisse zu erzielen. Mache diese Bewegung so lange als Teil deiner Aufwärmübungen, wie du möchtest.

Technischer Stand-up

Diese wichtige Übung im brasilianischen Jiu-Jitsu ist perfekt für Anfänger und es wird dringend empfohlen, sie täglich zu üben. Viele halten sie für eine sichere und effektive Bewegung, die es dir ermöglicht, wieder aufzustehen, nachdem du zu Boden gegangen bist.

Beginne, indem du auf dem Boden sitzt, deine Knie beugst und deine Füße flach auf den Boden stellst. Neige dich zu einer Seite und stütze dein Bein und deine Hüfte auf dem Boden ab. Deine Hand auf derselben Seite muss ebenfalls mit der Handfläche flach auf dem Boden liegen, in der Nähe deiner Hüfte und etwas nach hinten versetzt.

Drücke mit dem immer noch gebeugten Knie auf deinen anderen Fuß und verlagere dein Gewicht auf deine freie Hand und deinen Fuß auf dem Boden, wobei du nach oben drückst.

Reverse Shrimping

Dies ist eine umgekehrte Variante des Shrimping. Sie ist etwas schwieriger auszuführen als das typische Shrimping, hat aber viele Einsatzmöglichkeiten, z. B., um sich aus einer North-South-Position zu befreien, aus einem Armbar zu entkommen und die Lücke oder Distanz zwischen dir und deinem Gegner zu schließen.

Lege dich mit ausgestreckten Beinen auf den Boden und halte beide Hände hoch. Wähle eine Seite, auf die du dich rollen möchtest, und drücke dann deine Schultern in Richtung deiner Taille nach unten und drehe dich mit einer Schulter.

Verwende deine Fersen, um eine Bewegung deines Körpers in Richtung deiner Füße zu erzeugen. Strecke beide Beine nach außen und rolle dich auf die andere Seite. Wiederhole die Schritte.

Bridge zu Shrimping

Diese Bewegung kannst du auch allein ausführen und sie ist nützlich, wenn du es mit einem Gegner zu tun hast, der dich bereits überwältigt hat. Diese Bewegung bietet dir eine effektive Möglichkeit zur Flucht.

Als erstes musst du in eine Brücke gehen, indem du deinen Po hebst, während du auf dem Rücken liegst und die Shrimp-Bewegung ausführst. Es ist eine fantastische Bewegung, die sehr effektiv ist, wenn du deine Fähigkeit zur Flucht aus einer schlechten oder unerwünschten Position verbessern möchtest.

Granby Roll

Die Granby-Rolle wird als Wrestling-Technik eingestuft, ist aber auch im brasilianischen Jiu-Jitsu nützlich. Sie ist eine großartige Technik, um aus unterlegenen und schlechten Positionen zu entkommen und sich gegen Angriffe zu verteidigen. Du musst bereit sein, viel Zeit mit dem Üben zu verbringen, bis du sie perfektioniert hast. Sobald du die Technik beherrschst, wird es relativ einfach sein, sie auszuführen.

Beachte, dass Flexibilität nicht der entscheidende Faktor für die Ausführung einer Granby-Rolle ist. Es ist vielmehr eine gute Technik. Wenn du diese Bewegung ausführst, vermeide es, dich auf den

Hinterkopf oder den Nacken zu rollen.

Beginne diese Bewegung aus den Knien heraus. Stecke einen Arm zwischen deine Beine, bis du merkst, dass deine Schulter den Boden berührt. Es ist wichtig, beim Ausführen dieses Schritts den Blick abzuwenden, sodass du deine abgesenkte Schulter nicht siehst. Hebe dich leicht auf die Zehenspitzen, sodass beide Knie von der Matte kommen.

Dann gehst du auf allen Vieren in eine spezifische Richtung. Deine andere Schulter kommt der Matte näher und du solltest zwischen deinen Beinen hindurch zur Decke schauen.

Achte darauf, dass sowohl deine Schultern als auch deine Füße auf dem Boden sind. Mach weiter bis du wieder auf den Knien bist.

Sprawls

Sprawls sind Abwehrbewegungen im brasilianischen Jiu-Jitsu und du kannst sie ausführen, wenn du den Takedown-Versuchen deines Gegners konterst. Diese Technik erfordert, dass du deinen Körper streckst, während du versuchst, dich auf deinen Gegner zu stürzen und ihn zu dominieren.

Stehe zunächst aufrecht. Beuge dich leicht und strecke beide Hände nach außen. Lass dich auf den Boden sinken, bis dein Rücken flach auf dem Boden liegt. Achte darauf, dass du dein gesamtes Körpergewicht auf deine Handflächen verlagerst. Deine Beine müssen sich ebenfalls nach hinten strecken.

Halte dein rechtes Bein gestreckt und beuge dein linkes Knie. Hebe deinen Körper schnell an und gehe in die Kniebeuge, während du dich auf deinen Handflächen drehst. Mache die gleichen Schritte auf der anderen Seite.

BJJ-Übungen ohne Partner

Übungen ohne Partner werden durchgeführt, wenn du keinen Trainingspartner hast. Es wäre hilfreich, eine Grappling-Puppe zu haben, um diese Übungen bequem zu Hause durchführen zu können.

Leg Drag

Diese spezielle Übung im brasilianischen Jiu-Jitsu kann sehr viel Spaß machen und ist gleichzeitig sehr spannend, da sie dir zeigt, wie du deine Koordination verbessern kannst. Es handelt sich um eine grundlegende Bewegung, die immer Teil deines Trainings und deiner Praxis im brasilianischen Jiu-Jitsu sein wird. Beginne die Leg-Drag-Übung, indem du dicht neben deinem Partner oder Gegner stellst.

Dein Gegner muss auf dem Boden liegen und seine Füße müssen sich auf deinen Hüften befinden. Greife eines seiner Knie und schiebe es zur Seite, und zwar auf eine Seite deines Körpers. Dies ist notwendig, um die Guard-Position deines Gegners zu passieren. Wiederhole die Schritte.

Bridge Drill

Diese Übung im brasilianischen Jiu-Jitsu macht Spaß, könnte aber auch etwas gefährlich sein. Lege dich zunächst neben deinen Gegner. Umfasse seine Beine und mache einen Überschlag über seinen Körper. Achte darauf, dass du auf dem Rücken und den Beinen landest. Halte die Beine deines Gegners während der Bewegung weiterhin fest. Wiederhole die Schritte, aber diesmal auf der anderen Seite.

Tornado Drill

Diese Übung aus dem brasilianischen Jiu-Jitsu ähnelt dem Leg Drag, mit dem Unterschied, dass bei dieser Übung die Beine des Gegners zur Seite gezogen werden müssen. Führe eine Bewegung zur Seite aus und durchbrich dann die Guard-Position deines Gegners. Kehre in die Ausgangsposition zurück und wiederhole die gleichen Schritte auf der anderen Seite.

Fazit

Mit Disziplin, Engagement, harter Arbeit und Ausdauer wirst du brasilianisches Jiu-Jitsu in kürzester Zeit meistern. Sei darauf vorbereitet, das gesamte Training zu absolvieren, in dem du alles lernst, was du über diese Kampfkunst wissen musst.

Brasilianisches Jiu-Jitsu macht viel Spaß, besonders jüngeren Schülern, und bietet viele Vorteile. Selten wirst du einen Sport wie brasilianisches Jiu-Jitsu finden, der während jeder Unterrichtsstunde und Trainingseinheit eine enorme mentale und physische Herausforderung bietet. Während du trainierst, wird diese Kampfkunst zu einem festen Bestandteil deines Alltags.

Wir hoffen, dass dieses Buch für Anfänger im brasilianischen Jiu-Jitsu dir dabei hilft, diese Kampfkunst zu meistern. Mithilfe der bereitgestellten Informationen kannst du dein Wissen über brasilianisches Jiu-Jitsu erweitern und dich optimal auf das Training vorbereiten.

Hier ist ein weiteres Buch von Clint Sharp, das Ihnen gefallen könnte

Quellenangaben

5 tips to improve your pressure jiu-jitsu style. (2020, February 24). Jiujitsu-News.Com. https://jiujitsu-news.com/5-tips-to-improve-your-pressure-Jiu-Jitsu-style/

40+ Brazilian Jiu Jitsu submissions you need to know. (2020, September 7). Bjjsuccess.Com. https://www.bjjsuccess.com/brazilian-Jiu-Jitsu-submissions/

Action reaction in Jiu-jitsu. (2020, January 29). Jiujitsu-News.Com. https://jiujitsu-news.com/action-reaction-in-Jiu-Jitsu/

Barra, G. (2014, July 31). 5 Tips on how to create pressure and be heavy on your opponent. - Gracie Barra. Graciebarra.Com. https://graciebarra.com/gb-news/tips-pressure-opponent/

Barra, G. (2021, January 25). Why Brazilian Jiu-Jitsu is the ultimate form of self-defense. Graciebarra.Com. https://graciebarra.com/chandler-az/why-brazilian-Jiu-Jitsu-is-good-for-self-defense/

Bjj, A. S. (n.d.). Learn BJJ Sequences - Combinations in Brazilian Jiu-Jitsu. Pureartbjj.Com. from https://www.pureartbjj.com/blog/bjj-sequences-combinations/

BJJ for self defence: A complete review by an ex cop. (2020). https://theselfdefenceexpert.com/bjj-for-self-defence/

BJJEE. (2020a, February 20). How to successfully use action-reaction principles when grappling. Bjjee.Com. https://www.bjjee.com/articles/successfully-use-action-reaction-principles-grappling/

BJJEE. (2020b, April 14). Marcelo Garcia on how to use combinations to finish opponents. Bjjee.Com. https://www.bjjee.com/articles/marcelo-garcia-on-how-to-use-combinations-to-finish-opponents/

bjjmindset. (2013, June 7). Action and Reaction. Wordpress.Com. https://bjjmindset.wordpress.com/2013/06/07/action-and-reaction/

BjjTribes. (2020, September 20). How many guards are there in BJJ? The Ultimate list of all of the guard positions in Brazilian Jiu Jitsu. Bjjtribes.Com. https://bjjtribes.com/list-of-all-of-the-guard-positions-in-brazilian-Jiu-Jitsu/

Brazilian Jiu Jitsu – everything about the gentle art. (2019, October 3). Bjj-World.Com. https://bjj-world.com/brazilian-Jiu-Jitsu/

Brazilian jiu jitsu what is it. (2020, April 29). Jiujitsu-News.Com. https://jiujitsu-news.com/brazilian-Jiu-Jitsu-what-is-it/

Bryers, M. (2018, December 13). Top 3 Takedowns For Brazilian Jiu Jitsu. Jiujitsuct.Com. https://www.jiujitsuct.com/3-takedowns-bjj

de Los Reyes, J. (2016, June 15). The Strengths and Weaknesses of Each Martial Art for self-defense. Kombatarts.Com. https://kombatarts.com/strengths-weaknesses-martial-art-self-defense/

Evolve, M. M. A. (2018a, January 29). The first 3 submissions you should master in Brazilian Jiu-Jitsu. Evolve-Mma.Com. https://evolve-mma.com/blog/the-first-3-submissions-you-should-master-in-brazilian-Jiu-Jitsu/

Evolve, M. M. A. (2018b, March 31). 5 basic BJJ movements beginners need to perfect. Evolve-Mma.Com. https://evolve-mma.com/blog/5-basic-bjj-movements-beginners-need-to-perfect/

Evolve, M. M. A. (2019, January 6). The 3 best BJJ takedowns for beginners. Evolve-Mma.Com. https://evolve-mma.com/blog/the-3-best-bjj-takedowns-for-beginners/

Fanatics Authors. (n.d.). Five Essential BJJ Takedowns! Bjjfanatics.Com. from https://bjjfanatics.com/blogs/news/five-essential-bjj-takedowns

Four Esoteric Principles of Martial Arts Skill Development. (2019, December 3). Sonnybrown.Net. https://www.sonnybrown.net/principles-martial-arts-skill-development/

Freeman, D. (2021a, May 14). Brazilian Jiu-Jitsu vs Japanese Jiu-Jitsu: The difference you should know. Bjjgireviews.Com. https://bjjgireviews.com/brazilian-Jiu-Jitsu-vs-japanese-Jiu-Jitsu/

Freeman, D. (2021b, May 26). 10 tips to get started in Brazilian Jiu-jitsu (2021). Bjjgireviews.Com. https://bjjgireviews.com/get-started-in-bjj/

Freeman, D. (2021c, June 3). best BJJ Solo Drills you can do at home by yourself (EVERYDAY). Bjjgireviews.Com. https://bjjgireviews.com/bjj-solo-drills

guy. (2019, September 20). 8 Mistakes Typically made by Brazilian Jiu-Jitsu Beginners. Bjjnc.Com. https://www.bjjnc.com/8-mistakes-typically-made-by-brazilian-Jiu-Jitsu-beginners/

How all Brazilian Jiu-Jitsu Submission Holds work. (2020, September 2). Bjj-World.Com. https://bjj-world.com/brazilian-Jiu-Jitsu-submission-holds/

Intermediate bjj: Building submission combinations. (2016, March 31). Jiujitsutimes.Com. https://jiujitsutimes.com/intermediate-bjj-building-submission-combinations/

Jiu Jitsu, L. (2020, April 1). 10 best BJJ drills you can do home alone. Jiujitsulegacy.Com. https://jiujitsulegacy.com/health/strength-conditioning/10-best-bjj-drills-you-can-do-home-alone/

Jiu-jitsu fight energy Management. (2020, January 29). Jiujitsu-News.Com. https://jiujitsu-news.com/Jiu-Jitsu-fight-energy-management/

Kesting, S. (2016, June 18). 37 powerful BJJ submissions for grapplers. Grapplearts.Com. https://www.grapplearts.com/37-powerful-bjj-submissions-for-grapplers/

Kesting, S. (2018, January 16). Japanese Jiujitsu vs BJJ. Grapplearts.Com. https://www.grapplearts.com/japanese-jiujitsu-vs-bjj/

Kesting, S. (2021, March 1). Top 10 throws and takedowns for BJJ. Grapplearts.Com. https://www.grapplearts.com/top-10-throws-and-takedowns-for-bjj/

leticiamedeiros. (2018, November 26). Takedowns for Jiu-jitsu - Gracie Barra. Graciebarra.Com. https://graciebarra.com/gb-learning/takedowns-for-Jiu-Jitsu/

Marlin, S. (2018, December 14). The Difference Between jiu jitsu vs bjj. Martialboss.Com. https://martialboss.com/Jiu-Jitsu-vs-bjj

Martial arts grappling techniques (beginner & advanced). (2018, September 7). Blackbeltwiki.Com. https://blackbeltwiki.com/grappling

Open guard vs closed guard BJJ explained. (2021, January 27). Jiujitsu-News.Com. https://jiujitsu-news.com/open-guard-vs-closed-guard/

Ruiz, B. (2020, May 11). 23 effective bjj takedowns. Mma-Today.Com. https://www.mma-today.com/bjj-takedowns-judo-throws/

Scandinavia, B. J. J. (2016, October 13). All guards in Brazilian Jiu Jitsu (with videos) - BJJ Scandinavia. Bjjscandinavia.Com. http://www.bjjscandinavia.com/2016/10/13/all-guards-in-brazilian-Jiu-Jitsu-with-videos/

Skoczylas, N. (2020a, October 19). Japanese Jiu-jitsu vs. Brazilian Jiu-jitsu. Projectbjj.Com. https://projectbjj.com/japanese-Jiu-Jitsu-vs-brazilian-Jiu-Jitsu/

Skoczylas, N. (2020b, October 28). What are the fundamentals in Brazilian Jiu-Jitsu? Projectbjj.Com. https://projectbjj.com/what-are-the-fundamentals-in-brazilian-Jiu-Jitsu/

Smith, A. (2017, November 11). Combinations in BJJ. HowTheyPlay. https://howtheyplay.com/individual-sports/Combinations-in-BJJ

Spot, B. (2017, November 20). 6 common BJJ mistakes you should avoid. Bjj-Spot.Com. https://www.bjj-spot.com/common-bjj-mistakes/

Spot, B. (2018a, April 29). Basic BJJ Drills you should do every day. Bjj-Spot.Com. https://www.bjj-spot.com/basic-bjj-drills/

Spot, B. (2018b, September 27). Guard retention – important moves and principles. Bjj-Spot.Com. https://www.bjj-spot.com/guard-retention/

The 17 time-tested benefits of Brazilian Jiu Jitsu. (2020, February 11). Bjjsuccess.Com. https://www.bjjsuccess.com/benefits-of-brazilian-Jiu-Jitsu/

The Benefits of Taking a Grappling Class. (n.d.). Nymaa.Com. from https://www.nymaa.com/martial-arts-blog/The-Benefits-of-Taking-a-Grappling-Class_AE92.html

The best modern BJJ stretching routine for improved grappling. (2020, April 27). Bjjsuccess.Com. https://www.bjjsuccess.com/stretching-for-bjj/

The fundamental BJJ submissions. (2020, November 4). Youjiujitsu.Com. https://youjiujitsu.com/the-fundamental-bjj-submissions/

The pressure game in Jiu-Jitsu. (2015, March 23). Jiujitsutimes.Com. https://jiujitsutimes.com/the-pressure-game-in-Jiu-Jitsu/

The top 4 bjj self defence techniques you should know. (2016, March 10). Jiujitsutimes.Com. https://jiujitsutimes.com/the-top-4-bjj-self-defence-techniques-you-should-know/

The true history of Brazilian Jiu jitsu. (2020, April 9). Bjjsuccess.Com. https://www.bjjsuccess.com/history-of-brazilian-Jiu-Jitsu/

The ULTIMATE analysis of "PRESSURE." (2016, June 19). Jiujitsutimes.Com. https://jiujitsutimes.com/ultimate-analysis-pressure/

The ultimate Brazilian Jiu jitsu guide for beginners. (2020, January 4). Middleeasy.Com. https://middleeasy.com/guides/Jiu-Jitsu-guide/

(N.d.-a). Findyourgi.Com. Retrieved from https://findyourgi.com/what-is-bjj/

(N.d.-b). Letsrollbjj.Com. Retrieved from https://www.letsrollbjj.com/bjj-white-belt-tips/

5 qualities to look for in a Brazilian Jiu-Jitsu instructor. (2016, February 27). Jiujitsutimes.Com. https://jiujitsutimes.com/5-qualities-to-look-for-in-a-brazilian-jiu-jitsu-instructor/

Barra, G. (2015, July 4). The "secret" to getting better at BJJ - Gracie Barra. Graciebarra.Com. https://graciebarra.com/gb-news/the-secret-bjj/

Battle Arts Academy. (2019, December 28). How to get better at Brazilian Jiu-Jitsu: The top tips for beginners. Battleartsacademy.Ca. https://www.battleartsacademy.ca/post/how-to-get-better-at-brazilian-jiu-jitsu-the-top-tips-for-beginners

Park, J. (2014, June 13). *57 Training Tips for Brazilian Jiu Jitsu White Belts*. Crazy88mma.Com. https://www.crazy88mma.com/57-training-tips-for-brazilian-jiu-jitsu-white-belts/

www.ingramcontent.com/pod-product-compliance
Lightning Source LLC
Chambersburg PA
CBHW072155200426
43209CB00052B/1228